Der Zweite Weltkrieg

Zum Buch

Keine Stadt der Zeitgeschichte hat die Zerbrechlichkeit militärischer Bündnisse eindringlicher bewiesen als Berlin. Als die westlichen alliierten Truppen ihren Vormarsch an der Elbe stoppten und die Eroberung Berlins den Sowjets überließen, waren sie der idealistisch-naiven Meinung, daß sich die Großmächte nach Kriegsende auf eine vernünftige Abgrenzung ihrer Machtbereiche einigen könnten. Doch schon bald wurden die Verbrüderungsszenen alliierter Soldaten durch das Herunterrasseln des Eisernen Vorhangs unterbrochen, und Berlin wurde zum Mittelpunkt des kalten Krieges zwischen Ost und West.
Earl F. Ziemkes Buch zeichnet leidenschaftslos den Gang der Ereignisse nach, die zur Schlacht um Berlin führten, und schildert anschaulich und eindringlich die Atmosphäre vor dem Einmarsch der Russen.
Im Mittelpunkt des Buches steht die alles beherrschende Gestalt Adolf Hitlers, der sich weigerte, zu kapitulieren oder Berlin zu verlassen, sondern vielmehr entschlossen war, „bis fünf nach zwölf“ weiterzukämpfen. Er wartete auf das Wunder, das ihn und sein Reich retten würde, und wies die Ratschläge seiner Generale zurück.
Als die Stadt am 2. Mai 1945 endgültig gefallen und die Übergabeverhandlungen abgeschlossen waren, hatte nach sechs Jahren der größte Krieg in der Geschichte der Menschheit sein Ende gefunden.
Die Reihe „Moewig Dokumentation“ erscheint gleichzeitig in England und Amerika, es gibt Lizenzausgaben in Japan, Frankreich, Holland, Italien, Spanien, Schweden, Brasilien und Jugoslawien. Den anerkannten Autoren – vornehmlich Engländern und Amerikanern – ist es gelungen, die großen Ereignisse dieses Jahrhunderts so darzustellen, daß sich in der ganzen Welt bereits über hundert Millionen Leser für ihre Bücher begeisterten.

Die Schlacht um Berlin

Earl F. Ziemke

Moewig

3. Auflage
Titel der Originalausgabe: The Battle for Berlin: End of the Third Reich
erschienen im Verlag Pan/Ballantine, London/New York
Aus dem Englischen von Wulf Bergner

Umschlagentwurf und -gestaltung: Werbeagentur Zeuner, Ettlingen
Umschlagfotos: Süddeutscher Verlag
Fotos im Innenteil: Süddeutscher Verlag
Printed in Germany 1996
Druck und Bindung: Elsnerdruck, Berlin
ISBN 3-8118-7276-1 (60er-Kassette)

Inhaltsverzeichnis

Die Stadt des kalten Krieges

Einleitung von Barrie Pitt

Keine Stadt der Zeitgeschichte hat die Zerbrechlichkeit militärischer Bündnisse eindringlicher bewiesen als Berlin.

Sobald die amerikanischen Vereinigten Stabschefs sich auf einen Sieg in Europa zu konzentrieren begannen, wobei sie die politischen Konsequenzen dieser Beendigung des Krieges ignorierten, wurden die Grundlagen für eine potentiell gefährlichere Auseinandersetzung als der eben zu Ende gehende Krieg gelegt.

In dem Sinne, daß Eisenhower als militärischer Oberbefehlshaber den Auftrag hatte, den Sieg über die Streitkräfte des Gegners zu erringen, war er völlig berechtigt, seinen Vormarsch an der Elbe einzustellen. Ob Truman, der als Politiker die eigentliche Verantwortung trug, recht hatte, als er sich die Erwägungen seiner Generale zu eigen machte, ist eine andere Frage. Trotzdem wäre auch er nicht imstande gewesen, den Lauf der Ereignisse zu ändern, denn diese Entscheidung war von seinem kürzlich verstorbenen Amtsvorgänger getroffen worden und ließ sich in diesem Stadium nicht mehr grundlegend ändern.

Die Schuld, falls man hier von Schuld sprechen kann, liegt also bei Roosevelt. Er vertraute geradezu naiv auf Stalins gute Absichten, war mit optimistischem Selbstbewußtsein der Überzeugung, er werde schon mit Stalin „zurechtkommen“, und träumte mit idealistischer Begeisterung von einer Verständigung nach dem Krieg, durch die ein Paradies auf Erden entstehen sollte. Roosevelt setzte sich deshalb mit aller Kraft für die Verwirklichung des ausgefallenen Traumes von einem nicht durch politische Erwägungen für die Nachkriegszeit bestimmten militärischen Sieg ein.

Deshalb wurden Stalins Zusagen für bare Münze genommen, und statt eines befreiten Osteuropas, dessen Völker nicht mehr unter der Naziherrschaft schmachten müssen, sahen wir 45 Jahre lang ein Osteuropa unter dem Joch einer anderen, möglicherweise grausameren Diktatur, die sich in den blutigen Ereignissen in Budapest, dem fast unblutigen, aber nicht weniger bitteren Einmarsch in Prag und vor allem in Berlin manifestierte – in der lächerlichen Anomalie einer künstlich geteilten Stadt, deren einer Teil verzweifelt bemüht war, seine Integrität trotz einer Grenze zu bewahren, an der seine politischen, geistigen, kulturellen und wirtschaftlichen Bindungen abrupt endeten. Durch die kommunistische Blockade der Stadt, die Luftbrücke und später die Mauer wurde Berlin, seitdem die Verbrüderungsszenen alliierter Soldaten durch das Herunterrasseln des Eisernen Vorhangs unterbrochen wurden, zum Mittelpunkt des kalten Krieges: ein Musterbeispiel für die Unfähigkeit des Menschen, Regierungen zu bilden, die auf der Grundlage gegenseitigen Vertrauens arbeiten können.

Sir Basil Liddell Hart hat diese Gefahr schon im Jahre 1941 vorausgesehen, als er in seinem Buch *Die Strategie der indirekten Methode* mit prophetischer Genauigkeit ausgeführt hat:

„Wer sich ausschließlich auf den Sieg konzentriert, ohne an die Nachwirkungen zu denken, ist vielleicht zu erschöpft, um von dem Frieden zu profitieren, während andererseits praktisch feststeht, daß der Frieden schlecht sein und den Keim eines neuen Krieges in sich bergen wird. Dafür sprechen viele Erfahrungen. Noch größer werden die Risiken in einem von einem Bündnis geführten Krieg, denn in diesem Fall erschwert ein allzu vollständiger Sieg unweigerlich das Problem, einen gerechten und klugen Frieden zu schließen. Wo das Gegengewicht einer gegnerischen Macht fehlt, die dem Appetit der Sieger Grenzen setzt, kann der Konflikt der Auffassungen und Interessen der Bündnispartner sich ungehindert austoben. Die Auseinandersetzungen werden möglicherweise so scharf, daß die aus gemeinsamer Gefahr entstandene Kameradschaft in eine auf gegenseitiger Unzufriedenheit basierende Feindschaft umschlägt – so daß der Verbündete eines Krieges der Feind im nächsten wird."

Trotzdem steckten der Krieg und seine Folgen voller Paradoxien, und es kann sein, daß die Entscheidung der Amerikaner, Berlin der Roten Armee zu überlassen, für Europa – oder zumindest für Westeuropa – besser gewesen ist, als wir im allgemeinen erkennen.

Wäre es nicht denkbar gewesen, daß die Vereinigten Staaten zu einer isolationistischen Politik zurückgekehrt und sich geweigert hätten, in der europäischen Nachkriegspolitik eine Rolle zu spielen, wenn der Zweite Weltkrieg zu einem allseits befriedigenden Abschluß gekommen wäre? Hätten die beinahe bankrotten Engländer und Franzosen dann der Macht einer stalinistische Ziele verfolgenden, immer stärkeren UdSSR widerstehen können? Schließlich hat die amerikanische Präsenz in Europa, die fast den Charakter einer freiwilligen Buße für das Nichterreichen einer befriedigenden politischen Lösung hatte, 45 Jahre lang dazu beigetragen, den kalten Krieg mehr oder minder kalt zu halten.

Earl Ziemkes Buch hat den großen Vorzug, das Thema aus beiden wichtigen Blickwinkeln zu betrachten – dem militärischen und dem persönlichen. Er zeichnet leidenschaftslos den Gang der Ereignisse nach, die zur Schlacht um Berlin führten, und versteht es gleichzeitig, anschaulich und eindringlich die Atmosphäre vor dem Einmarsch der Russen zu schildern. Auch nach über viereinhalb Jahrzehnten glaubt man noch, die Schreie von Soldaten und Zivilisten, Frauen und Kindern zu hören, als die Rote Armee ins Herz der Reichshauptstadt vorstieß, um ihre Rache für die von Deutschen in Rußland verübten Verbrechen auszukosten. Dieses Schreckensgemälde weicht einer Tragikomödie, als die Alliierten sich selbst im Augenblick des Sieges nicht darüber einigen können, wie der Frieden organisiert und die besetzten Gebiete aufgeteilt werden sollen.

Und im Mittelpunkt des Buches steht die beherrschende Gestalt Adolf Hitlers: verfallen und vom

Krieg geschwächt, aber nach eigener Aussage entschlossen, „bis fünf nach zwölf" weiterzukämpfen. Er weigerte sich, zu kapitulieren oder Berlin zu verlassen, wies die Ratschläge seiner Generale zurück und wartete auf das Wunder, das ihn und sein Reich retten würde. Hitler bot dabei das aus zweitklassigen Filmen nur allzu bekannte Bild des wahnsinnigen Diktators, der kreischend das Schicksal herausfordert und überall Schuldige sieht, während die Mauern seines Schlosses um ihn herum zusammenbrechen.

Wären nicht die Millionen ermordeter Juden, die unzähligen Kriegsopfer und die unschätzbaren Verluste an materiellen Werten und menschlicher Arbeit, für die Hitler direkt verantwortlich war, könnte man einige dieser Szenen beinahe amüsant finden.

Die Geschichte des Falls von Berlin, mit dem nach sechs Jahren der größte Krieg in der Geschichte der Menschheit zu Ende ging, hat etwas Großartiges an sich. Earl Ziemkes Buch wird ihr voll und ganz gerecht.

Hinter dem Horizont

Das 40 Kilometer östlich von Rastenburg tief in den ostpreußischen Wäldern liegende Führerhauptquartier „Wolfsschanze“ war im Zweiten Weltkrieg mehr als Berlin das eigentliche Nervenzentrum Deutschlands. Dort hatte Hitler im Jahre 1941 sein Hauptquartier für den auf zwei bis zweieinhalb Monate Dauer angelegten Rußlandfeldzug eingerichtet. Und dort hörte er sich – im allgemeinen gegen Mittag und Mitternacht – die zweimal täglich erstatteten Lagevorträge der Wehrmachtsteile an; von dort aus erteilte er seine Befehle mit Hilfe von Telefon und Fernschreiber.

In dem streng bewachten inneren Sicherheitsbereich hatte er lediglich einige Mitarbeiter um sich: den Chef des Oberkommandos der Wehrmacht (OKW), Generalfeldmarschall Wilhelm Keitel; den Chef des Wehrmacht-Führungsstabes, Generaloberst Alfred Jodl, und seinen Stab; Verbindungsoffiziere aller Wehrmachtsteile und einige politische Mitarbeiter.

In der Zeit zwischen Juni 1941 und Januar 1945 kam Hitler nur selten und für kurze Zeit in die Reichshauptstadt zurück. Minister und hohe Beamte, die ihn sprechen mußten, flogen zur Wolfsschanze oder benutzten die täglich von Berlin aus verkehrenden Kurierzüge. Zusätzlich zu seinen Funktionen als

Reichskanzler und Oberbefehlshaber der Wehrmacht hatte Hitler Ende 1941 auch noch den Posten des Oberbefehlshabers des Heeres übernommen. Das Oberkommando des Heeres (OKH), das unter Hitler für die Operationen an der Ostfront zuständig war, wurde am Ortsrand von Rastenburg untergebracht und war von der Wolfsschanze aus in zwanzig Minuten mit dem Zug zu erreichen.

Am Vormittag des 14. Juni 1944 sprach der Chef des Generalstabs des Heeres, Generaloberst Kurt Zeitzler, in Rastenburg vor den Stabschefs aller Heeresgruppen und Armeen der Ostfront. Der Krieg in Rußland stand vor dem vierten Sommer, und Zeitzler und Hitler hatten sich darauf geeinigt, was in den kommenden Monaten zu erwarten sei. Den Stabschefs der Heeresgruppe Mitte gegenüber entschuldigte Zeitzler sich fast, weil sie sich unnötigerweise herbemüht hatten. Seine Ausführungen, so sagte er, beträfen „die Heeresgruppe Mitte nicht sonderlich", denn die sowjetische Sommeroffensive werde im Süden auf den Balkan abzielen. Nach Zeitzlers Ansicht waren die Russen noch nicht stark genug, um direkt nach Deutschland vorstoßen zu können. Darin täuschte er sich jedoch.

Die Russen hatten im April und Mai und in den ersten Juniwochen abgewartet. In Teheran hatten Präsident Franklin D. Roosevelt und Premierminister Winston S. Churchill ihnen für das Frühjahr 1944 eine wirksame zweite Front versprochen. Dieses Versprechen wurde am 6. Juni mit der Invasion in der Normandie eingelöst. Unterdessen hatten die Marschälle der Sowjetunion Georgi K. Schukow und

Aleksander M. Wasilewski fast die bisher größte sowjetische Kräftekonzentration dieses Krieges zustande gebracht – nicht im Süden, wie Zeitzler vorausgesagt hatte, sondern gegenüber der deutschen Heeresgruppe Mitte.

Allein in den ersten drei Juniwochen transportierten sie 75 000 Güterwagen mit Truppen, Nachschub und Munition heran. Insgesamt konnten die Russen 1 200 000 Mann gegen die 700 000 Mann der Heeresgruppe Mitte aufbieten. Und dahinter hielt die *Stawka,* das sowjetische Oberkommando, über eine Million Mann in Reserve, um sie später in den Kampf werfen zu können.

Die Heeresgruppe Mitte war drei Jahre lang das Bollwerk der deutschen Ostfront gewesen. Im Jahre 1941 war sie nach Moskau vorgestoßen. Seither hatte sie zurückweichen müssen, weil ihre Nachbarn im Norden und Süden zurückgedrängt wurden – aber bei ihr hatte es keine katastrophalen Rückzüge wie aus Stalingrad und dem Kaukasus im Süden oder vor Leningrad im Norden gegeben. Im Juni 1944 hielt die Heeresgruppe Mitte noch immer das historische „Witebsker Tor“, die Landbrücke zwischen dem Oberlauf der Flüsse Düna und Dnjepr, die den Zugang zu der 500 Kilometer entfernten sowjetischen Hauptstadt gewährte. Hinter der Heeresgruppe Mitte lagen Minsk, die Hauptstadt der Weißrussischen SSR, Warschau und Berlin.

Die Entfernung, die amerikanische und englische Armeen von der französischen Halbinsel Cotentin und russische Armeen vom Witebsker Tor nach Berlin zurückzulegen hatten, unterschieden sich nur um etwa 150 Kilometer: 1050 Kilometer für die Engländer und Amerikaner, 1200 Kilometer für die Russen.

Aus strategischer Sicht waren beide Offensiven für Deutschland gleich gefährlich. Im Osten waren die endlosen russischen Weiten, die 1941 und 1942 erobert worden waren, durch russische Gegenoffensiven stark zusammengeschrumpft; im Westen hatte sich der Ärmelkanal, den Hitler nicht einmal in seiner besten Zeit zu überqueren gewagt hatte, in eine breite Nachschubstraße verwandelt, auf der Gruppen und Nachschub auf den Kontinent gelangten.

Da Hitler nicht hatte glauben wollen, daß eine alliierte Landung nicht an der Straße von Dover stattfinden würde, hatte er seine Reserven nicht gegen die in der Normandie landenden Invasionstruppen eingesetzt. Mit schöner, wenn auch vielleicht nicht ganz beabsichtigter Unparteilichkeit hatte er der Heeresgruppe Mitte ein Drittel ihrer schweren Artillerie, die Hälfte ihrer Panzerjäger und 88 Prozent ihrer Panzer weggenommen, um der im Süden erwarteten sowjetischen Großoffensive begegnen zu können.

Am Morgen des 22. Juni 1944, dem dritten Jahrestag des deutschen Überfalls, griffen Schukows und Wasilewskis Armeen die Heeresgruppe Mitte an. Der Oberbefehlshaber der Heeresgruppe, Generalfeldmarschall Ernst Busch, hielt sich zu diesem Zeitpunkt im Führerhauptquartier auf und wartete auf eine Unterredung, durch die er einen Teil seiner Panzer und Geschütze zurückzubekommen hoffte. Aber dieser Versuch kam zu spät. Die Russen bewiesen Eleganz in ihren taktischen Vorstellungen, gingen kräfteschonend vor und erbrachten Leistungen, die keinen Vergleich mit den deutschen Leistungen in den ersten Kriegsjahren zu scheuen brauchten. Sie setzten konzentrierte Infanterie- und Artilleriekräfte ein, um schmale Einbrüche zu erzielen. Ihre Panzer blieben im Hintergrund, bis die deutsche Front durchbrochen war, und stießen dann von der Einbruchstelle aus vor, ohne sich viel um eine Flankensicherung zu bemühen. Die Rote Armee zeigte ihre bisher beste Leistung in diesem Krieg; sie leistete hier mehr als in einigen späteren Schlachten. Innerhalb von zwölf Tagen verlor die Heeresgruppe Mitte 25 ihrer 43 Divisionen.

In dreieinhalb Wochen eroberten die Russen Weißrußland zurück und zertrümmerten praktisch die Heeresgruppe Mitte. Am 17. Juli 1944 ließen sie zur Feier ihres Sieges 57 000 deutsche Kriegsgefangene in Zehner- und Zwölferreihen von Tagesanbruch bis in die Nacht hinein durch Moskau marschieren. Am nächsten Tag bemühten Zeitzler und Generalfeldmarschall Walter Model, der Busch als Oberbefehlshaber der Heeresgruppe Mitte abgelöst hatte, sich im Führerhauptquartier, Hitler dazu zu bewegen, die Heeresgruppe Nord aus dem Baltikum abzuziehen, wo sie Gefahr lief, abgeschnitten zu werden, und ihre Divisionen zur Auffrischung der Heeresgruppe Mitte zu verwenden. Hitler weigerte sich, darauf einzugehen. Zeitzler bot seinen Rücktritt an, den Hitler sich ebenfalls anzunehmen weigerte, und meldete sich dann krank.

In Frankreich eroberten die Amerikaner am 18. Juli 1944 St. Lô. Die Russen waren im Juni und Juli bis zu 300 Kilometer weit vorgestoßen. Die 1. US-Armee und die englische 2. Armee unter dem Oberbefehl von General Sir Bernard L. Montgomery hatten bestenfalls 30 Kilometer zurückgelegt. In St. Lô hatten sie jedoch die normannischen *Bocages,* die nur von Panzern mit Räumschilden überwindbaren Hekken und Feldmauern, praktisch hinter sich. Der alliierte Oberbefehlshaber, General Dwight D. Eisenhower, verfügte bereits über mehr als eine Million Mann und eine halbe Million Tonnen Nachschub in der Normandie. Die englische und amerikanische Luftwaffe besaßen die absolute Luftherrschaft, und die Deutschen wagten kaum, sich tagsüber auf den Straßen zu bewegen. Generalfeldmarschall Günther von Kluge, der Generalfeldmarschall Erwin Rommel ersetzte, nachdem Rommel am 17. Juni bei einem alliierten Tieffliegerangriff verwundet worden war, konnte weder hoffen, die Invasoren ins Meer zurückwerfen noch ihren Ausbruch in die Weite des französischen Raumes verhindern zu können.

Die deutsche Strategie stand vor ihrem Bankrott. Niemand war sich darüber besser im klaren als die Offiziere im Generalstab des Heeres und in den Oberkommandos der Armeen und Heeresgruppen. Sie wußten auch, daß es keinen Frieden – außer einen durch völlige Vernichtung erzwungenen – geben würde, solange Hitler lebte.

Am 20. Juli 1944 um 12.30 Uhr betrat Oberst i.G. Claus Philipp Maria Schenk Graf von Stauffenberg in der Wolfsschanze den Raum, in dem Hitler die gewohnte mittägliche Lagebesprechung abhielt, stellte eine Aktentasche unter den langen Eichentisch, an dem Hitler saß, und ging wieder hinaus. Stauffenberg beobachtete aus einiger Entfernung, wie zehn oder zwölf Minuten später eine Detonation, die er als erfahrener Frontoffizier mit dem Einschlag einer 15-cm-Granate verglich, die Wände des Gebäudes, das er soeben verlassen hatte, nach außen drückte.

Die Bombe, die er neben Hitlers Füßen abgestellt hatte, hatte ihr Werk getan, und Stauffenberg fuhr in der Hoffnung zum Flugplatz, daß seine Mitverschwörer im Heer das gefährlichste Element des braunen Herrschaftsapparats, die SS, ausgeschaltet haben würden, bis er nach dreistündigem Flug in Berlin eintreffen konnte. Daß das Dritte Reich dann rasch zusammenbrechen würde, schien gewiß zu sein, denn einige der höchsten Offiziere – darunter die Feldmarschälle Rommel und von Kluge – hatten, obwohl sie nicht selbst zu den Verschwörern gehörten, ihre Unterstützung zugesichert, sobald Hitler tot war.

Aber Hitler war nicht tot. Der Sprengkörper verletzte 19 der anwesenden Offiziere, davon drei tödlich, und demolierte den Lageraum, aber Hitler trug lediglich leichte Verbrennungen, Prellungen und ein geplatztes Trommelfell davon. Einige Tage später behauptete Hitler sogar, seit der Detonation habe ein lästiges Zittern seines linken Beines aufgehört; er fügte jedoch hinzu, er könne diese Behandlungsmethode keineswegs weiterempfehlen.

Hitler – und zweifellos viele Deutsche – sah in seiner Errettung das Werk der Vorhersehung. Hätte die Lagebesprechung an diesem Tag nicht in einem der wenigen noch existierenden Holzgebäude der Wolfsschanze, sondern wie üblich in einem Stahlbetonbunker stattgefunden, wäre der Explosionsdruck so verstärkt worden, daß Hitler wohl kaum mit dem Leben davongekommen wäre.

Hitler blieb am 20. Juli 1944 am Leben, aber Deutschlands letzte Chance, einen vernünftigen Ausweg aus diesem Krieg zu finden, war vertan. Der geplante Staatsstreich brach innerhalb weniger Stunden zusammen, und in den darauffolgenden Wochen spürte die Gestapo alle an diesem Umsturzversuch Beteiligten auf. Kluge verübte Selbstmord. Rommel wurde von Hitler vor die Wahl zwischen einem Selbstmord mit anschließendem Staatsbegräbnis und einem Hochverratsprozeß vor dem Volksgerichtshof gestellt.

Die eingeschüchterte Wehrmacht verzichtete auf ihr eifersüchtig verteidigtes Recht, über ihre Angehörigen selbst zu Gericht zu sitzen, stieß die Angeklagten aus ihren Reihen aus und überlieferte sie dem Volksgerichtshof der Nazis. Von dort aus gerieten die meisten von ihnen in die Hände von SS-Henkern. Generaloberst Heinz Guderian, der Zeitzlers Nachfolger als Chef des Generalstabs des Heeres wurde, ordnete an, alle Offiziere hätten „in politischen Fragen eine beispielhafte (nationalsozialistische) Haltung zu zeigen – und das öffentlich."

Zeitzler hatte nicht zu den Verschwörern gehört, aber der Staatsstreich war in seinem Stab geplant worden, und das reichte zu seiner Ablösung aus. Um sicherzustellen, daß das Heer sich in Zukunft nicht wieder gegen ihn stellen konnte, übertrug Hitler dem Reichsführer-SS, Heinrich Himmler, den Befehl über das Ersatzheer, das heißt, über alle in Deutschland stationierten Truppen.

In den letzten Julitagen erreichten sowjetische Panzer die Weichsel in Sichtweite von Warschau. Südlich der Stadt setzten die sowjetische 8. Garde-Schützenarmee und die 1. Panzerarmee bereits Truppen und Panzer zu Brückenköpfen auf dem Westufer über. Im Norden gelang ein Einbruch in die Front der deutschen 3. Panzerarmee zwischen Kaunas und Mariampol, so daß die nur 30 Kilometer entfernte ostpreußische Grenze offen vor der Roten Armee lag.

Der Armeeoberbefehlshaber, Generaloberst Hans Reinhardt, verlegte seinen Gefechtsstand hinter die Grenze und stellte entsetzt fest, daß auf Hitlers Befehl keinerlei Vorbereitungen für eine Evakuierung der Zivilbevölkerung getroffen worden waren. Ein sowjetisches Garde-Panzerkorps stieß zwischen den Heeresgruppen Mitte und Nord zum Meerbusen nordwestlich von Riga vor und schnitt dadurch die Heeresgruppe Nord zu Lande ab.

Am gleichen Tag passierte noch etwas anderes: Die sowjetische Offensive geriet zum erstenmal seit sechs Wochen ins Stocken. Die Russen verbreiterten ihren zur Ostseeküste führenden Keil nicht weiter. Generaloberst I. D. Tschernjakowski, Reinhardts Gegenspieler, ignorierte die Lücke zwischen Mariampol und Kaunas. Den in Richtung Warschau angreifenden Panzern schien plötzlich der Sprit auszugehen. Sie kamen fast zum Stillstand.

Obwohl Einheiten der amerikanischen 1. Armee, die aus der Halbinsel Cotentin ausbrach, am 25. Juli Avranches erreicht hatten, erschien Hitler in der Lagebesprechung am 31. Juli um Mitternacht die im Osten drohende Gefahr schlimmer. Die Geländeverluste seien nicht allzu tragisch, sagte er, weil die deutschen Truppen dadurch den Vorteil hätten, auf der inneren Linie zu kämpfen. Aber die psychologischen Auswirkungen auf die Verbündeten Deutschlands – Finnland, Rumänien und Ungarn – sowie auf die eigene Bevölkerung würden schwerwiegend sein, falls es den Russen gelang, den Krieg in Ostpreußen oder Oberschlesien auf deutschen Boden vorzutragen. Hitler schob die gesamte Schuld auf den Defätismus des Generalstabs, der sich in dem versuchten Staatsstreich am 20. Juli gezeigt habe. Trotzdem blieb er zuversichtlich: Er habe schon früher ähnliche Krisen an der Ostfront bereinigt und traue sich das auch diesmal zu. Damit behielt Hitler zum letztenmal recht.

Der August 1944 war der Monat der westlichen Verbündeten. Sie traten aus der Normandie und der Bretagne zum Angriff nach Osten an und eroberten innerhalb von zwei Wochen weite Gebiete zwischen Seine und Loire. Paris fiel am 25. August.

Unterdessen waren die 7. US-Armee und die französische 1. Armee bei St. Tropez und Marseille gelandet und stießen im Rhône-Saône-Tal nach Norden vor. Am Tag der Einnahme von Paris schwenkten Eisenhowers Hauptkräfte – die links eingesetzte englische 21. Heeresgruppe unter Montgomery und die rechts vorgehende 12. US-Heeresgruppe unter General Omar Bradley – nach Norden und begannen, zur deutschen Grenze vorzustoßen. Zwei Wochen später griff auf ihrem äußersten rechten Flügel die an der Mittelmeerküste gelandete Invasionsstreitmacht, die später zur 6. Heeresgruppe werden sollte, nördlich der Schweizer Grenze in die Kämpfe ein.

Im August schien der Sieg für die westlichen Alliierten zum Greifen nahe zu sein, um dann im September ebenso plötzlich in weiter Ferne zu entschwinden. Hitlers Versuch, England durch Terrorangriffe einzuschüchtern, schlug fehl, als Montgomerys Truppen die V-1-Abschußrampen in Nordwestfrankreich und Belgien überrannten.

Am 11. September stießen amerikanische Angriffsspitzen aus Luxemburg nach Deutschland vor. Aber Eisenhowers Armeen waren inzwischen schneller als ihr Nachschub.

General George S. Pattons amerikanische Armee hatte ihren Vormarsch wegen Treibstoffmangels bereits fast eine Woche lang einstellen müssen. Ähnliche Zwangspausen drohten auch bei den anderen Armeen. Der Nachschub erreichte den Kontinent, aber der Weitertransport über das von den Kämpfen schwer mitgenommene Straßen- und Schienennetz erwies sich als äußerst schwierig.

Montgomery plädierte dafür, alle Reserven zusammenzuraffen, um seiner Heeresgruppe den Vorstoß durch Holland und Norddeutschland nach Berlin zu ermöglichen. Aber Eisenhower wollte nichts davon hören. Er war nicht bereit, eine ganze Heeresgruppe bei einem 550 Kilometer langen Husarenritt zu riskieren, zumal das bedeutet hätte, daß seine übrigen Armeen zur Bewegungslosigkeit verurteilt gewesen wären. Die Verfolgungsjagd war zu Ende. Das merkte Montgomery noch vor Ablauf dieses Monats, als der Versuch mißglückte, südlich von Arnheim einen Korridor zum Rhein zu öffnen. Die Amerikaner machten die gleiche Erfahrung, als sie über Aachen zum Rhein vorzustoßen versuchten und sich nach dreiwöchigen Straßenkämpfen damit zufriedengeben mußten, die erste deutsche Großstadt im Zweiten Weltkrieg erobert zu haben.

Im Osten kapitulierten bis Oktober 1944 Finnland, Rumänien und Bulgarien. Nördlich des Polarkreises zog die deutsche 20. Gebirgsarmee sich aus Finnland zurück. Im Nordteil der Hauptfront war die Heeresgruppe Nord auf der Halbinsel Kurland eingeschlossen. Im Süden standen sowjetische Armeen vor der jugoslawischen Grenze und begannen, nach Budapest vorzustoßen. Als am 16. Oktober drei sowjetische Armeen in Ostpreußen einbrachen und nach Gumbinnen vorstießen, gab Hitler den letzten Versuch auf, die Verbindung zur Heeresgruppe Nord wiederherzustellen, setzte die dafür vorgesehenen Truppen zur Verteidigung von Gumbinnen ein und vermied es auf diese Weise, gleichzeitig im Osten und Westen des Reiches Städte zu verlieren. Danach schliefen die Kämpfe an der Ostfront nördlich der Karpaten allmählich ein, denn auch die Russen litten seit September unter Nachschubschwierigkeiten.

In den Sommeroffensiven hatten die Russen und die westlichen Verbündeten jeweils mehr als die Hälfte ihrer ursprünglichen Entfernung nach Berlin zurückgelegt. Von Aachen und Warschau aus waren beide Fronten gleich weit von Berlin entfernt: 520 Kilometer. Aber Berlin blieb vorerst ein unerreichbar weit entferntes Ziel. Eisenhower konzentrierte sich auf das Ruhrgebiet, das näher und – seiner Meinung nach – strategisch wichtiger war. Die Russen waren nach der Eroberung von Brückenköpfen jenseits der

Weichsel fast den ganzen September lang untätig auf dem rechten Weichselufer gegenüber von Warschau stehengeblieben und hatten zugesehen, wie die Deutschen die polnische *Armia Krajowa* (Heimatarmee) in der Stadt vernichteten. Im Herbst 1944 schienen sie eher an Budapest und Belgrad als an der deutschen Reichshauptstadt interessiert zu sein.

Das Blatt wendet sich

Eine kluge deutsche Regierung hätte die Kampfpause im Frühherbst 1944 dazu benützt, einen Waffenstillstand zu vereinbaren und der endgültigen Vernichtungswelle zu entkommen. Die Alliierten rechneten eigentlich damit, daß selbst Hitlers Regierung sich dazu durchringen würde. Aber sie täuschten sich. Hitler dachte nicht daran – und nach dem 20. Juli wagte kein Deutscher mehr, daran zu denken –, den Krieg auf die einzige damals noch mögliche Weise zu beenden: durch eine bedingungslose Kapitulation. Solange Hitler lebte, würde Deutschland weiterkämpfen. Seine Wehrmacht war nicht mehr stark genug, um den Ausgang des Krieges zu beeinflussen, aber sie hatte noch die Kraft, die Agonie zu verlängern.

Obwohl das deutsche Heer sich im Augenblick noch im Felde behauptete, brannte es in seinem Kern aus. Von Juni bis November 1944 betrugen seine unwiderruflichen Verluste, die Zahl der Gefallenen, Kriegsgefangenen und Vermißten, insgesamt 1 400 000 Mann. An der Ostfront standen 400 000 Mann weniger als im Juni und 700 000 Mann weniger als im Januar 1944.

Hitler griff zu organisatorischen und mathematischen Taschenspielertricks. Er stellte neue Infanteriedivisionen und Panzerbrigaden aus den Ersatzabteilungen auf, die zur Auffrischung bestehender Einheiten hätten dienen sollen, und genehmigte Artilleriekorps in Brigadestärke und Panzerbrigaden mit zwei oder gar nur einem Bataillon.

Als Befehlshaber des Ersatzheeres meldete Himmler ihm 1 500 000 Mann zur Einberufung bereit. Fast eine Million dieser Männer konnten jedoch erst im Laufe des Jahres 1945 an die Front gelangen – falls überhaupt. Bis dahin gab es in den Frontverbänden über 800 000 unbesetzte Planstellen, nachdem bei einer Umorganisation im Jahre 1944 bereits 700 000 Planstellen gestrichen worden waren.

Die deutsche Kriegswirtschaft bot ein Bild krassester Gegensätze. Die Flugzeugfabriken stellten im September 1944 insgesamt 3000 Flugzeuge her und erreichten damit die höchste Monatsproduktion während des Zweiten Weltkrieges. Im gleichen Monat wurden alle deutschen Hydrierwerke, die Flugbenzin herstellten, durch alliierte Luftangriffe zerstört. Im Juni 1944 hatte die Luftwaffe 340 000 000 Liter Flugbenzin verbraucht. Ihr gesamter Vorrat für den Rest des Krieges betrug lediglich 360 000 000 Liter. Die Panzerproduktion – Panzer, Sturmgeschütze und Geschütze auf Selbstfahrlafetten – erreichte im Dezember 1944 mit 1854 Einheiten ihren höchsten Stand. Unterdessen erzeugten die Hochöfen und Walzwerke des Ruhrgebiets jedoch nur die Hälfte der im September 1944 produzierten Stahlmenge, und im Vergleich zum Januar 1944 war die Produktion auf etwa ein Drittel zurückgegangen. Im Oktober lieferten die Autofabriken 12 000 Lkw ab, indem sie alle reparaturbedürftig herumstehenden Wehrmachts-Lkw aufarbeiteten. Im Dezember sank die Lkw-Produktion dann auf 3000 Fahrzeuge. Benzin und Diesel waren ebenso knapp wie Flugbenzin, so daß Hitler Ende 1944 mit dem Gedanken spielte, seine Panzergrenadiere auf Fahrräder zu setzen, wobei er sich mit dem Gedanken tröstete, daß Lastwagen ohnehin nur Stauungen verursachten.

Auf alliierter Seite änderte auch die Enttäuschung darüber, daß August oder September nicht das Kriegsende gebracht hatten, nichts an der Überzeugung, daß Deutschland geschlagen war. Während die Armeen sich auf die entscheidenden Offensiven vorbereiteten, beschäftigten die Regierungen sich bereits mit der Zeit nach der Kapitulation.

Am 12. September 1944 unterzeichneten Vertreter der Vereinigten Staaten, Großbritanniens und der Sowjetunion in London ein „Protokoll über Besatzungszonen und die Verwaltung Groß-Berlins". Zwei Monate später, am 14. November, folgte die Unterzeichnung des „Abkommens über die Alliierten Kontrolleinrichtungen in Deutschland".

Diese beiden Dokumente definierten erstmals die Kriegsziele der Alliierten über das rein militärische Ziel hinaus, die Wehrmacht im Felde zu besiegen. Gewissermaßen zufällig, aber trotzdem unvermeidlich wurde Berlin dadurch zum politischen Brennpunkt des alliierten Kriegseinsatzes, nachdem die Stadt bisher lediglich ein praktischer Bezugspunkt oder bestenfalls ein begehrenswerter Siegespreis gewesen war.

Daß Deutschland besetzt werden würde – nicht nur teilweise wie nach dem Ersten Weltkrieg, sondern vollständig –, war möglicherweise das einzige unausgesprochene Kriegsziel der Alliierten gewesen, über das es nie Diskussionen gegeben hatte. Lange unbeantwortet war lediglich die Frage geblieben, wie diese Besetzung praktisch stattfinden sollte.

Generalleutnant Sir F.E. Morgan hatte sich Gedanken über dieses Problem gemacht, als er im Sommer 1943 als Chef des Stabes des Alliierten Oberbefehlshabers mit der Planung der Invasion in der Normandie begonnen hatte. Damals war es vorstellbar und sogar wahrscheinlich erschienen, daß Deutschland zusammenbrechen würde, bevor die Amerikaner und Engländer den Kontinent erreichten, so daß die Russen Deutschland zum größten Teil oder sogar ganz besetzen würden. Deshalb waren der amerikanische Außenminister Cordell Hull und sein englischer Kollege Anthony Eden angenehm überrascht, als sie bei ihrem Moskau-Besuch im Oktober 1943 feststellen konnten, daß die Russen bereit waren, über ein Dreimächteabkommen über die Behandlung Deutschlands nach Kriegsende zu sprechen.

Unterdessen konnten auch die Westmächte ihren Anspruch auf eine Beteiligung an der Besetzung Deutschlands auf mehr als nur Absichtserklärungen stützen. Auf der für Dezember 1943 geplanten Konferenz der „Großen Drei" in Teheran wollten Präsident Roosevelt und Premierminister Churchill sich Marschall Josef W. Stalin gegenüber zur Errichtung einer zweiten Front in Europa im Frühjahr 1944 verpflichten. Schon zuvor erklärte der sowjetische Außenminister Wjatscheslaw M. Molotow sich im Namen seiner Regierung mit der Bildung einer Europäischen Beratungskommission einverstanden, die Regierungsabkommen über die Besatzungsmodalitäten schließen sollte.

Die Europäische Beratungskommission, in der Sir William Strang Großbritannien vertrat, während die Sowjetunion und die Vereinigten Staaten durch ihre Botschafter Fedor T. Gusew und John G. Winant vertreten wurden, nahm ihre Arbeit im Januar 1944 in London auf. Die Ausarbeitung des ersten Tagesordnungspunktes, einer Kapitulationsurkunde für Deutschland, dauerte fünf Monate (von Januar bis Juni). Die Engländer und Amerikaner gerieten sich wegen des Textes in die Haare, und die Russen hatten nichts dagegen, die Behandlung der nächsten Punkte über Besatzungszonen und alliierte Kontrolleinrichtungen in Deutschland weiter hinauszuschieben.

Nachdem alliierte Truppen im Juni in der Normandie gelandet waren, wuchs das Interesse aller Beteiligten an einer Regelung der Punkte zwei und drei. Ende August, als Eisenhowers Armeen zum Rhein vorstießen, drängten die Russen auf eine Unterzeichnung der Abkommen. Dann legten sie einen Plan für die Schaffung alliierter Kontrolleinrichtungen vor, der die voneinander abweichenden englischen und amerikanischen Auffassungen so geschickt berücksichtigte, daß die Westmächte ihn praktisch unverändert übernahmen.

Das im September unterzeichnete Protokoll über die Errichtung von Besatzungszonen teilte Deutschland in eine östliche und zwei westliche Zonen auf. Die Ostzone, zu der damals noch Ostpreußen gehörte, mußte logischerweise an die Sowjetunion gehen, und Berlin lag tief in diesem von den Russen beanspruchten Gebiet. Berlin war von Anfang an ein Problem gewesen, aber es gab keine andere Teilungsmöglichkeit, ohne die sowjetische Besatzungszone allzusehr zu verkleinern oder innerdeutsche Verwaltungsgrenzen stark zu durchschneiden.

Das Protokoll bezeichnete Groß-Berlin, wie es im Jahre 1920 geschaffen worden war, als „besonderes Gebiet“. Es sollte von Truppen der drei Mächte in ihren jeweiligen Sektoren besetzt, aber gemeinsam verwaltet werden. Wie die englischen und amerikanischen Truppen das zwischen ihren Besatzungszonen und Berlin liegende, sowjetisch besetzte Gebiet überwinden sollten, wurde nicht erwähnt, aber in der Praxis wurde vorausgesetzt, daß die Existenz der Westsektoren auch das Zugangsrecht zu ihnen einschließen müsse.

Zwei Monate später verpflichtete das Abkommen über die Alliierten Kontrolleinrichtungen in Deutschland die drei Mächte dazu, gemeinsam zwei Verwaltungsorgane zu bilden: eine Stadtverwaltung für Groß-Berlin, die sogenannte *Komandantura,* und einen Kontrollrat. Die *Komandantura,* die aus den drei Berliner Sektorenkommandanten bestand, sollte unter Aufsicht des Kontrollrats arbeiten, der die Aufgabe hatte, ganz Deutschland berührende Entscheidungen zu treffen und die deutsche Zentralverwaltung zu kontrollieren. An der Spitze des Kontrollrats würden die Oberkommandierenden der drei Besatzungszonen stehen. Obwohl in dem Abkommen nichts darüber ausgesagt war, kam nur Berlin als Sitz des Kontrollrats in Frage, denn nur dort konnten *Ko-*

mandantura und deutsche Zentralverwaltung wirksam überwacht werden.

Mit der Unterzeichnung des Protokolls über die Besatzungszonen und des Abkommens über Kontrolleinrichtungen schienen die wichtigsten Fragen in bezug auf die Beendigung des Krieges beantwortet – bis auf die Kernfrage, wie der Endsieg in Deutschland sichergestellt werden könne.

An der Ostfront zwischen Karpaten und Ostsee trafen die Russen Vorbereitungen für eine weitere Winteroffensive. Die westlichen Alliierten, für die der Sieg fast zum Greifen nahe gewesen war, sahen es nicht gern, daß der Krieg ins nächste Jahr überzugreifen drohte. Ende Oktober schlug der amerikanische Generalstabschef, General George C. Marshall, die Freigabe bisher zurückgehaltener Geheimwaffen, darunter zum Beispiel der Annäherungszünder, und den Einsatz strategischer Reserven vor, um Deutschland bis zum 1. Januar 1945 in die Knie zu zwingen.

Die englischen Stabschefs unterstützten Montgomerys Forderung, das Hauptgewicht müsse auf dem Nordflügel, also auf den Zugängen zum Ruhrgebiet und nach Berlin liegen, selbst wenn dadurch andere Vormarschrichtungen vernachlässigt werden müßten. Ein rascher Vorstoß nach Deutschland hinein wurde vor allem durch den stockenden alliierten Nachschub verhindert.

Der große belgische Hafen Antwerpen, der die von Eisenhowers Armeen benötigten Nachschubmengen ohne weiteres bewältigen konnte, befand sich seit dem 4. September in alliierter Hand, aber an der ihm vorgelagerten Scheldemündung hielten sich bis 8.

November deutsche Truppen, und der erste Geleitzug konnte seine Landung erst Ende November in Antwerpen löschen. Eisenhower lehnte es ab, eine Großoffensive zu planen, bevor seine Nachschubschwierigkeiten gelöst waren und er im Norden und Süden angreifen konnte.

Trotzdem blieb das Bewußtsein des nahen Sieges unverändert stark. Der englische Gemeinsame Planungsstab äußerte zwar Zweifel an dem von Marshall genannten 1. Januar 1945, hielt aber den 31. Januar für nicht unrealistisch und erwartete das Kriegsende bis spätestens 15. Mai.

SHAEF (Supreme Headquarters Allied Expeditionary Forces), Eisenhowers Stab für die Kampfführung gegen Deutschland, mußte bereits seine Interessen in der Anfangsphase der Besatzung gegen die wuchernden Kontrollratsstäbe verteidigen. Schon vor der in der Europäischen Beratungskommission erzielten Einigung hatten die Engländer im Juni 1944 mit der Aufstellung ihres Teils des Kontrollrats begonnen, und die Amerikaner hatten ihren im August aufgestellt. Im Herbst trafen diese Kontrollratselemente dann Vereinbarungen mit SHAEF, die nur halb im Scherz als Verträge von Versailles und St. Cyr bezeichnet wurden. SHAEF behielt die Kontrolle über die Militärregierung in Deutschland während der Kampfhandlungen und in einem unbestimmten, aber kurzen Zeitraum nach ihrem Abschluß. Andererseits erklärte SHAEF sich bereit, die von ihm geplanten Maßnahmen mit den von den Kontrollratselementen ausgearbeiteten Planungen abzustimmen.

Im Spätherbst 1944 befand sich die erste Einheit

der zukünftigen amerikanischen Militärregierung, das Detachment A1A1, in Belgien in der Ausbildung für den Einsatz in Berlin, und die englischen und amerikanischen Kontrollratselemente hatten Vorauskommandos gebildet, die bereitstanden, um mit den ersten SHAEF-Truppen in Berlin einzumarschieren und die Kontrolle der deutschen Ministerien zu übernehmen. Sobald das russische Element des Kontrollrats London erreichte, würde die alliierte Verwaltung nach Ansicht ihrer englischen und amerikanischen Mitglieder vollständig und arbeitsfähig in Berlin einrücken können. Aber die Russen kamen nie.

Bei Besprechungen Anfang Dezember einigten Eisenhower und Montgomery sich darauf, daß der Schwerpunkt der nächsten Großoffensive, die voraussichtlich in den ersten Wochen des Jahres 1945 beginnen würde, im Norden liegen sollte. Eisenhower wollte auch im Süden weiter vorstoßen, soweit das möglich war, ohne den Hauptvorstoß im Norden zu gefährden. Die beiden Stoßkeile würden südlich von Aachen 100 bis 120 Kilometer weit durch die Ardennen, ein Waldgebirge, getrennt sein. Bevor die eigentliche Offensive begann, sollten die Armeen nördlich und südlich der Ardennen versuchen, nach Osten zum Rhein vorzustoßen. In den ersten Dezemberwochen waren sie bereits dabei, mögliche Vormarschrichtungen zu erkunden, so daß es im Norden und Süden der Ardennen zu einzelnen erbitterten Gefechten kam. Aber an der nur schwach verteidigten eigentlichen Ardennenfront blieb es ruhig. Sie spielte in den Überlegungen für die geplante Offensive keine Rolle.

In den Ardennen herrschen früh winterliche Verhältnisse. Ab Mitte November wechseln Schnee und Regen einander ab; dann folgen ab Mitte Dezember Schneeregen und bei zunehmender Kälte Schnee. Tiefhängende Wolken hüllen die bewaldeten Hügel ein und vereinigen sich mit den aus Waldtälern aufsteigenden Nebelschwaden. In dieser Jahreszeit kann die Eifel, die Fortsetzung der Ardennen auf deutscher Seite, zwei oder drei Armeen mit ihrem gesamten Troß aufnehmen. Das wußte Hitler. Er erinnerte sich auch an 1940, als der ursprüngliche Plan für den „Fall Gelb", für den Westfeldzug, in feindliche Hände gefallen war, so daß er gezwungen gewesen war, das Überraschungsmoment irgendwie zurückzugewinnen.

Damals hatte er sich für einen Hauptvorstoß durch die Ardennen entschieden, die bis dahin für Panzerkräfte als unpassierbar gegolten hatten – selbst bei gutem Wetter. Das hatte zu dem sogenannten „Sichelschnitt" geführt, dem Vorstoß durch die Ardennen und dem Einschwenken nach Norden, durch den die Engländer innerhalb von zwei Wochen nach Dünkirchen zurückgeworfen worden waren, während die Franzosen hatten erkennen müssen, daß ihre Maginot-Linie unter diesen Umständen wertlos war. Als deutsche Generale einwandten, die Truppe könne 1944 nicht mehr das leisten, was sie 1940 geleistet habe, erinnerte Hitler sich daran, daß sie schon 1940 ähnliche Einwände erhoben und sich getäuscht hatten.

In den ersten Dezemberwochen rückten drei Armeen, die 6. SS-Panzerarmee, die 5. Panzerarmee und die 7. Armee, in Bereitstellungsräume südöstlich von

Aachen und nordöstlich von Trier ein. Dort zog Hitler 28 Divisionen zusammen – die Hälfte der deutschen Gesamtstärke im Westen. Über 1400 Panzer und Sturmgeschütze, fast so viele, wie es an der gesamten Ostfront gab, sollten die Angriffsspitzen bilden.

Damit die Armeen beweglich waren, sah Hitler 70 Prozent der deutschen Lastwagenproduktion im Dezember für diese Offensive vor. Die Luftwaffe konnte nur 1000 Flugzeuge bereitstellen, von denen wegen Treibstoffmangels lediglich ein Teil würde starten können, aber Hitler rechnete damit, daß trübes Winterwetter die Alliierten daran hindern würde, ihre Luftüberlegenheit auszunützen. In der Nacht zum 13. Dezember und in den drei folgenden Nächten marschierten die deutschen Truppen bei Dunkelheit, Regen und Nebel im Schutz der Wälder die letzten 70 bis 80 Kilometer zu ihren Ausgangsstellungen.

Die sechs Divisionen, die in den Ardennen die Front der 1. US-Armee zu halten hatten, waren so überrascht, als sie am Morgen des 16. Dezember mit Granaten und Raketen eingedeckt wurden, daß die Aktion im ersten Augenblick ihren eigentlichen Zweck verfehlte. Die Amerikaner wehrten die ersten deutschen Angriffe in dem Glauben ab, es handele sich um lokale Kampfhandlungen zu unerklärlichen und wahrscheinlich nicht weiter wichtigen Zwecken. Die alliierte Feindaufklärung hatte die deutschen Vorbereitungen zur Ardennen-Offensive nicht erkannt, was teils auf das schlechte Wetter, aber zum größeren Teil auf eine gewisse Überheblichkeit zurückzuführen war, die den Deutschen gar keine Offensive mehr zutraute.

In den folgenden acht Tagen verflüchtigten sich die Pläne für einen baldigen Vorstoß zum Rhein und über den Rhein hinweg in alptraumhafter Ungewißheit. Montgomerys 21. Heeresgruppe und Bradleys 12. Heeresgruppe, Eisenhowers nördliche und südliche Angriffskeile, mußten in aller Eile umgruppiert werden, um den deutschen Vorstoß durch die Ardennen zum Meer abzuwehren.

Die Deutschen kämpften mit einer bisher an der Westfront unbekannten Brutalität. Vor allem die 6. SS-Panzerarmee ließ sich Übergriffe gegen die Zivilbevölkerung und amerikanische Kriegsgefangene zuschulden kommen. Hätten Eisenhowers Eckpfeiler St. Vith und Bastogne nicht gehalten – St. Vith bis zum 23. Dezember; Bastogne, das eingeschlossen war, bis zu seiner Befreiung am 26. Dezember –, wäre die Lage für die Alliierten noch kritischer geworden.

So erreichte eine der deutschen Angriffsspitzen Celles: fünf Kilometer östlich der Meuse und 190 Kilometer von den Ausgangsstellungen entfernt. Das war am 23. Dezember 1944; am nächsten Tag klarte das Wetter zum erstenmal auf, und die alliierten Luftstreitkräfte warfen sofort ihre gewaltige Kampfkraft in die Schlacht.

Nach Weihnachten stand der Ausgang der Kämpfe außer Zweifel, aber sie dauerten noch wochenlang erbittert an.

Bereitstellungen im Osten

General Guderian, der Chef des Generalstabs des Heeres, verbrachte den Heiligen Abend im „Adlerhorst“, dem Führerhauptquartier im Taunus, 15 Kilometer nordwestlich von Bad Nauheim. Hitler hatte Rastenburg Anfang Dezember verlassen und war nach kurzem Aufenthalt in Berlin vor Beginn der Ardennen-Offensive zum Adlerhorst gefahren. Von dort aus hatte er schon den siegreichen Westfeldzug des Jahres 1940 gelenkt.

Guderian war am Morgen dieses Tages nach einer Nachtfahrt mit seinem Befehlszug aus dem OKH- und Fernmeldezentrum Maybachlager in Zossen, 30 Kilometer südlich von Berlin, eingetroffen. Er war gekommen, um Hitler aufzufordern, die Ardennen-Offensive einzustellen und die dadurch entbehrlichen Divisionen an die Ostfront zu verlegen. Die Offensive im Westen würde nach dem nüchternen Urteil des Generalstabs fehlschlagen und war zweckmäßigerweise abzublasen, zumal die Russen nördlich der Karpaten die größten Bereitstellungen dieses Krieges an der Ostfront abgeschlossen hatten.

Hitler weigerte sich, die Ardennen-Offensive einzustellen, und wischte Guderians Zahlen über die Stärke der russischen Truppen vom Tisch.

„Das ist der größte Bluff seit Dschingis Khan!“ rief er aus. „Wer hat diesen Blödsinn ausgegraben?“

Hitler war nicht bereit, Reserven durch den Abzug von Truppen aus dem Westen, aus Norwegen oder aus Kurland zu schaffen; die Ostfront mußte selbst sehen, wie sie zurechtkam. Beim Abendessen riet Himmler, der seit kurzem zum Oberbefehlshaber einer Heeresgruppe im Elsaß aufgestiegen war, General Guderian, er solle sich keine allzu großen Sorgen machen. Die Russen würden nicht angreifen, sondern versuchten einen „Riesenbetrug". Für Hitlers Gefolge im Adlerhorst schien die Ostfront zu weit entfernt zu sein, als daß man sich ihretwegen hätte Sorgen machen müssen.

Tatsächlich schien das Ende für Deutschland in den letzten Tagen des Jahres 1944 weder im Osten noch im Westen so nahe zu sein wie vor wenigen Monaten.

Der Schraubstock, in dem die Wehrmacht zwischen den westlichen Alliierten und der Sowjetunion steckte, schloß sich nicht weiter. Daß die Ardennen-Offensive Deutschland nicht die operative Handlungsfreiheit zurückgeben würde, war bereits abzusehen. Aber die Deutschen hatten die Initiative an sich gerissen, und es würde noch eine Zeitlang dauern, bis die Engländer und Amerikaner ihren Vormarsch ins Herz des Reiches fortsetzen konnten.

Nördlich der Karpaten waren die Russen seit zweieinhalb Monaten nicht mehr wesentlich vorangekommen. In Ungarn schlossen sowjetische Truppen am ersten Weihnachtsfeiertag Budapest ein, aber das Kräfteverhältnis westlich der Stadt war so ausgeglichen, daß ein Entsatz Budapests möglich erschien.

Die deutschen Besatzungstruppen räumten Grie-

Panzerfallen am Stadtrand von Berlin

Zivilisten und Polizisten helfen dabei, die Stadt auf die Verteidigung vorzubereiten

Berlin brennt

Selbst zwischen Ruinen halten die Deutschen noch Paraden ab

chenland, Albanien und den Süden Jugoslawiens, aber sie gingen in guter Ordnung und keineswegs überhastet zurück. In Italien hatte die deutsche Heeresgruppe C die Engländer und Amerikaner an der „Grünen Linie“ (südöstlich von La Spezia-Apennin-nördlich von Rimini) zum Stehen gebracht.

Trotzdem war Hitler militärisch bankrott. Die letzte Anstrengung, zu der er und seine Soldaten sich in den Ardennen aufgerafft hatten, war wirkungslos verpufft. Jetzt konnte er nur noch weiterkämpfen, um Zeit zu gewinnen – und darüber war er sich durchaus im klaren. Ende Dezember erklärte er einem seiner Generale, der Krieg werde nicht mehr so lange dauern, wie er bereits gedauert habe. Das stehe unverrückbar fest, denn eine Verlängerung könne keine der beiden Seiten aushalten. Die Frage sei nur, wer länger aushalten werde. Nach Hitlers Überzeugung würde die Seite am längsten aushalten, für die alles auf dem Spiel stehe – also die Deutschen. In den letzten Monaten des Ersten Weltkriegs hatte General Erich Ludendorff ganz ähnliche Durchhalteparolen ausgegeben, bis er dann selbst die Nerven verloren hatte.

Hitler verlor nicht die Nerven: Das war der für die Fortsetzung des Krieges möglicherweise bedeutsamste Faktor. Hitler hatte in der Vergangenheit geschwankt; er hatte völlig die Nerven verloren, als er auf dem Gipfel seiner Erfolge stand, aber niemals, wenn er sich in einem Tief befand. Als er am 28. Dezember im Adlerhorst vor Divisionskommandeuren sprach, deren Einheiten am Neujahrstag im Elsaß zu einer Gegenoffensive antreten sollten, gab er zu, daß Deutschland ums Überleben kämpfte.

Dann führte er aus: „Ich möchte gleich einfügen, meine Herren: wenn ich das sage, entnehmen Sie daraus nicht etwa den Entschluß, als wenn ich an den Verlust des Krieges auch nur im leisesten denke. Ich habe den Begriff Kapitulation in meinem Leben nie kennengelernt ... Für mich ist also die Situation, in der wir uns heute befinden, nichts Neues. Die Situation war für mich einst eine ganz andere, viel schlimmere. Ich sage das nur, damit Sie ermessen, warum ich mit einem solchen Fanatismus mein Ziel verfolge und warum mich nichts mürbe machen kann. Ich könnte noch so von Sorgen gequält sein und meinetwegen auch von Sorgen gesundheitlich erschüttert werden, es würde das nicht im geringsten etwas an meinem Entschluß ändern, zu kämpfen, bis am Ende eben doch die Waage sich auf unsere Seite neigt."

Einige Wochen zuvor hatte Hitler in einer ähnlichen Besprechung vor Beginn der Ardennen-Offensive noch als Politiker und Stratege gesprochen, der mit ganzer Willenskraft offenbar rationale Ziele verfolgte. Jetzt zählte nur noch sein Wollen; Armeen und Schlachten waren zweitrangig geworden; wichtig war lediglich, daß *er* nicht erlahmte.

Hitler setzte seinen Generalen auseinander, daß die Geschichte die Behauptung widerlege, eine drohende Niederlage müsse ausschließlich vom militärischen Standpunkt aus gesehen werden; statt dessen entscheide die Stärke und Entschlossenheit der Führung darüber, ob Kriege verloren oder gewonnen würden. Er zitierte Cannae und das „Wunder des Hauses Brandenburg", durch das Friedrich der Große, der im Siebenjährigen Krieg vor einer totalen

Niederlage gestanden hatte, im Frieden von Hubertusberg alle verlorenen Gebiete zurückerhalten hatte, nachdem die Koalition seiner Feinde zerbrochen war. Hunderttausende sollten sterben müssen, während Hitler auf ein zweites Wunder dieser Art wartete.

Am 5. Januar 1945 begann Guderian eine Rundreise zu den an der Ostfront stehenden Heeresgruppen. Trotz seiner Loyalität Hitler gegenüber war er auch ein fähiger Soldat – und deshalb zutiefst beunruhigt. Sein erstes Ziel war das Hauptquartier der Heeresgruppe Süd im ungarischen Esterháza. Die soeben angelaufene Wiedereroberung Budapests erforderte mehr Truppen und Material, als die Heeresgruppe eigentlich entbehren konnte, aber Hitler hielt sie für wichtiger als alles andere an der Ostfront.

Guderian konnte nur darauf drängen, das Unternehmen so rasch wie möglich abzuschließen. In der Nacht zum 6. Januar brachte Guderians Zug ihn durch die Tschechoslowakei nach Norden zum Hauptquartier der Heeresgruppe A in Krakau. Die Heeresgruppe A hielt die direkten Zugänge nach Deutschland besetzt. Ihre Front verlief entlang der Weichsel; aber die Russen hielten drei große Brükkenköpfe bei Magnussew, Pulawy und Baranow, von denen aus sie die gesamte Front aufspalten konnten.

Im November 1944 hatte die OKH-Abteilung Fremde Heere Ost vorausgesagt, die Rote Armee werde zuerst im Abschnitt der Heeresgruppe Mitte angreifen, die Ostpreußen und den Zugang nach Danzig zu verteidigen hatte. Im Dezember hatte sich dann ein gleichzeitiger Vorstoß über die Weichsel hinweg gegen die Heeresgruppe A abgezeichnet. Die Aufklärungsmeldungen, die Guderian im Hauptquartier der Heeresgruppe A sah, ließen keinen Zweifel daran, daß die Russen die „große Lösung“ vorbereiteten: den Ausbruch aus ihren Brückenköpfen an der Weichsel nach Berlin und ins Herz Deutschlands.

Die 1. Weißrussische Front und die 1. Ukrainische Front, die beiden der Heeresgruppe A gegenüberstehenden sowjetischen Heeresgruppen, verfügten über insgesamt 2 200 000 Mann, 6400 Panzer und Sturmgeschütze und 46 000 Geschütze, schwere Granatwerfer und Raketenwerfer.

Auf der Gegenseite konnte die Heeresgruppe A lediglich etwa 400 000 Mann, 1150 Panzer und 4100 Geschütze aufbieten. An den Angriffsschwerpunkten waren die 1. Weißrussische Front und die 1. Ukrainische Front den deutschen Verteidigern in allen Belangen neun- bis zehnfach überlegen. Allein im Brückenkopf Magnussew hatte die 1. Weißrussische Front 400 000 Mann, 8700 Geschütze und Granatwerfer und 1700 Panzer stehen – so viele Soldaten und mehr Gerät, als die Heeresgruppe A insgesamt besaß.

Nachdem Guderian bei der Heeresgruppe Mitte ähnlich beunruhigende Meldungen gehört hatte, erstattete er Hitler am 9. Januar 1945 im Adlerhorst Bericht. Der Führer weigerte sich, die Schätzungen über die sowjetischen Stärken zu glauben, und drohte damit, den Bearbeiter ins Irrenhaus sperren zu lassen. Er machte sich kaum die Mühe, seinen Verdacht zu verbergen, daß das Heer nur eine Ausrede suche, um einen Rückzug zu rechtfertigen. Hitler sagte, es sei dumm von ihm gewesen, jemals in Rußland zurückzugehen. Er ermahnte alle, die „zu winseln“ begannen, sich ein Beispiel an der Haltung der Russen in Leningrad zu nehmen. Auch nachdem Guderian wieder abgefahren war, beschäftigte Hitler sich weiter mit Argumenten zur Widerlegung der nachrichtendienstlichen Zahlenangaben. Er behauptete, die Russen würden eine dreifache Übermacht an Panzern brauchen, um nur gleichwertig zu sein. Sie konnten unmöglich so viele Geschütze haben, wie Guderian behauptete – „sie bestehen schließlich nicht aus Artillerie“ –, und wie viele Granaten hatten sie vermutlich pro Geschütz? Nach Hitlers Ansicht waren es nur zehn oder zwölf Schuß.

Hitler war entweder blind oder absichtlich unehrlich – vermutlich letzteres. Wenn er die von allen Seiten eingehenden Meldungen gelesen hatte, mußte er erkannt haben, welche gewaltigen Angriffsvorbereitungen die Russen in den letzten vier Monaten des Jahres 1944 getroffen hatten. Die ostpolnischen Eisenbahnstrecken waren auf russische Breitspur umgebaut und bis zu den sowjetischen Brückenköpfen jenseits der Weichsel verlängert worden. Der Eisenbahnverkehr war gewaltig gewesen. Die 1. Weißrussische Front hatte über 68 000 Güterwagen Nachschub erhalten – nur zehn Prozent weniger, als die vier an der sowjetischen Offensive im Juni 1944 gegen die Heeresgruppe Mitte eingesetzten vier Heeresgruppen bekommen hatten. Weitere 64 000 Wagenladungen gingen zur 1. Ukrainischen Front. Im Brückenkopf Magnussew lagerte die 1. Weißrussische Front 2 500 000 Artillerie- und Werfergranaten; im Brückenkopf Pulawy lagen weitere 1 300 000 bereit.

Im Vergleich dazu hatte die in den Schwerpunkten des Kampfes um Stalingrad eingesetzte sowjetische Heeresgruppe während der gesamten Schlacht weniger als eine Million Artillerie- und Werfergranaten verschossen. Die Treibstoffvorräte (Benzin und Diesel) der beiden an der Weichsel stehenden sowjetischen Heeresgruppen betrugen über 110000000 Liter.

Falls Guderian sich bei seiner Einschätzung der sowjetischen Absichten getäuscht hatte, war er höchstens zu optimistisch gewesen. Die Stawka, das sowjetische Oberkommando, bereitete zwei zusammenhängende, aber durch die Weichsel geographisch getrennte Offensiven vor: eine gegen die Heeresgruppe Mitte, um Ostpreußen zu besetzen und das Nordufer der Weichsel zu säubern; eine weitere, viel stärkere zwischen Warschau und den Karpaten, die von der 1. Weißrussischen Front unter Schukow und der 1. Ukrainischen Front unter Marschall Iwan S. Konjew vorgetragen werden sollte.

Schukows erste Angriffsziele waren Warschau, Kutno und Lodz. Konjew sollte aus dem Brückenkopf Baranow ausbrechen, mit einem Teil seiner Kräfte nach Nordwesten vorstoßen, um die Deutschen gemeinsam mit Schukow in die Zange zu nehmen, und mit einem zweiten Angriffskeil nach Südosten vorstoßen, um Krakau zu nehmen. Danach würden die beiden Fronten nebeneinander nach Westen bzw. Nordwesten zur Oder vorrücken.

Strategisch gesehen beabsichtigte die Stawka nichts weniger als eine Beendigung des Krieges – nach eigener Schätzung in etwa 45 Tagen. Die erste

Angriffsphase, der Vorstoß von der Weichsel zur Oder, würde sicher zum Erfolg führen und sollte nach nur 15 Tagen abgeschlossen sein. Die zweite Phase schien etwas größere Anstrengungen und mehr Zeit zu erfordern, aber die Stawka wußte, daß die Heeresgruppe A in der Mitte der deutschen Abwehrfront verhältnismäßig schwach war und keine Unterstützung von ihren Nachbarn zu erwarten hatte. Die Heeresgruppe Mitte würde zurückgedrängt und gleichzeitig zerschlagen werden, und im Winter waren die Karpaten für deutsche Verstärkungen unpassierbar. In der zweiten Angriffsphase, die sich nahtlos an die erste anschließen sollte und auf 30 Tage berechnet war, wollte die Stawka mit Schukows und Konjews Truppen geradewegs bis nach Berlin und zur Elbe vorstoßen.

An der Front wurde das Schwergewicht der politisch-weltanschaulichen Erziehung auf ein anderes Thema verlagert. Über ein Jahr lang war die Befreiung Rußlands das Zentralthema gewesen, aber jetzt würden die sowjetischen Armeen bald auf deutschem Boden kämpfen. Das neue Thema ließ sich mit dem einen Wort „Rache!“ zusammenfassen. Es wurde auf Versammlungen, Spruchbändern und Schildern an den Straßen verkündigt und in Artikeln und Flugblättern prominenter sowjetischer Schriftsteller verbreitet. Politische Offiziere schilderten die von den Deutschen an russischen Frauen und Kindern verübten Verbrechen und nannten Zahlen über die deutschen Plünderungen und Zerstörungen in der Sowjetunion. Soldaten und Offiziere berichteten, was ihren eigenen Angehörigen zugestoßen war. Dadurch sollte jeder

Rotarmist das Gefühl haben, eine private Rechnung mit den Deutschen begleichen zu müssen.

Der Winter 1944/45 brach früh herein. Der deutsche Nachrichtendienst war der Ansicht, die Russen seien seit Mitte Dezember angriffsbereit und warteten seither auf besseres Wetter. Tiefhängende Wolken, Schnee und Nebel, die Hitler in den Ardennen begrüßt hatte, waren den Russen weniger willkommen, weil sie klares Winterwetter brauchten, um ihre Luftwaffe einsetzen und ihre massierten Panzer- und Artillerieverbände wirkungsvoll angreifen lassen zu können.

Den Engländern und Amerikanern wäre ein möglichst früher Beginn der sowjetischen Offensive nur recht gewesen. Im Dezember 1944 teilte Stalin dem amerikanischen Botschafter W. Averell Harriman mit, daß eine Offensive bevorstehe – aber er nannte keine näheren Einzelheiten. Am 23. Dezember entsandte Eisenhower eine SHAEF-Delegation unter Leitung von Luftmarschall Sir Arthur W. Tedder nach Moskau, um Auskünfte über die sowjetischen Absichten einholen zu lassen. Wegen schlechten Wetters und der umständlichen Reiseroute in die Sowjetunion dauerte die Reise fast drei Wochen, und Tedder traf erst nach Beginn der Offensive ein.

Am 6. Januar 1945 fragte Churchill Stalin direkt, was er tun könne, um die westlichen Alliierten etwas zu entlasten. Stalin antwortete, er bereite eine Offensive vor, aber das Wetter sei noch zu schlecht. Er versprach, den Angriffsbefehl spätestens in der zweiten Januarhälfte zu geben – ohne Rücksicht auf das Wetter.

Vorstoß zur Oder

In den frühen Morgenstunden des 12. Januar 1945 herrschten an der Front entlang der Weichsel Temperaturen um den Gefrierpunkt. Die Straßen waren eisglatt. Tiefhängende Wolken und Nebel würden wie bereits seit einigen Tagen verhindern, daß Flugzeuge starteten.

Am Westrand des Brückenkopfes Baranow stand das deutsche XLVIII. Panzerkorps mit drei Divisionen – mit einem Mann auf je 15 Meter Frontbreite. Jede der Divisionen verfügte über etwa ein Dutzend Sturmgeschütze, und das Korps hielt rund 100 in Reserve. Die deutsche Hauptkampflinie bestand lediglich aus einer Kette von Stützpunkten. Knapp 25 Kilometer dahinter stand das XXIV. Panzerkorps mit zwei Divisionen als Reserve bereit. Zwei Panzerdivisionen waren im Norden des Brückenkopfes stationiert.

Am 12. Januar vor Tagesanbruch begann das Trommelfeuer der massierten sowjetischen Artillerie mit etwa 250 Geschützen pro Kilometer Frontbreite auf die nördlichen zwei Drittel (ungefähr 30 Kilometer) der Front des XLVIII. Panzerkorps. Nach dreistündigem Beschuß wurden Gassen ausgespart, durch die russische Infanterie vorging. Die Deutschen wurden im Vorfeld ihrer ausgebauten Hauptkampflinie überrascht; sie hatten damit gerechnet, daß die Russen besseres Wetter abwarten würden. Schon morgens erzielte die sowjetische Infanterie tiefe Einbrüche, die bis mittags so vergrößert wurden, daß Panzer eingesetzt werden konnten. Die drei Divisionen des XLVIII. Panzerkorps wurden zerschlagen und vernichtet. Das XXIV. Panzerkorps sollte einen Gegenangriff führen, aber seine beiden westlich des Brückenkopfes stehenden Divisionen wurden in ihren Aufmarschräumen überrannt. Im Laufe des Tages setzte die 1. Ukrainische Front fünf Schützenarmeen, zwei Panzerarmeen und über 1000 Panzer gegen die beiden deutschen Korps ein.

Am nächsten Tag ließ Konjew eine seiner Panzerarmeen nach Nordwesten einschwenken, um Schukows nach Südwesten vorstoßenden Kräften entgegenzukommen. Die zweite Panzerarmee schickte er nach Westen, wo ihre Angriffsspitzen in der gleichen Nacht die Nida erreichten. Jenseits der Nida erstreckte sich 65 Kilometer weit offenes Gelände, das nach Oberschlesien hinein und zur Oder führte.

Die deutsche 9. Armee war auf Schukows Angriffe aus den Brückenköpfen Magnussew und Pulawy gefaßt, als sie am 14. Januar kamen, aber ihr erging es nur geringfügig besser als den beiden Panzerkorps im Süden. Schon am ersten Kampftag brachen die Russen in die deutschen Artilleriestellungen ein, und die Verteidiger hatten bis zu 50 Prozent Ausfälle. Am nächsten Morgen traten Schukows Armeen zum Angriff auf die alte polnische Festung Modlin nördlich von Warschau an.

Aus Zossen schickte Guderian am zweiten und dritten Tag der sowjetischen Winteroffensive Lageberichte in den Adlerhorst. Beide besagten das gleiche: Ohne Verstärkungen aus dem Westen war die Ostfront nicht mehr lange zu halten. Zumindest mußte der Versuch der Heeresgruppe Süd, Budapest zurückzuerobern, eingestellt werden, damit die dort kämpfenden Panzerdivisionen die Heeresgruppe A verstärken konnten.

Hitler verlegte zwei Infanteriedivisionen aus dem Westen und zwei Panzerdivisionen der Heeresgruppe Süd an die Ostfront, aber er war nicht bereit, Budapest aufzugeben oder weitere Kräfte von der Westfront abzuziehen. Im Gegensatz dazu stand die nachrichtendienstliche Lagebeurteilung vom 15. Januar, in der nüchtern festgestellt wurde, die sowjetische Offensive könne mit den an der Ostfront befindlichen Kräften nicht zum Stehen gebracht werden.

In der Nacht zum 16. Januar verlegte Hitler sein Hauptquartier aus dem Adlerhorst in den Bunker der Berliner Reichskanzlei. Eine Rückkehr in die Wolfsschanze kam selbstverständlich nicht in Frage, denn die Russen griffen auch das von der Heeresgruppe Mitte verteidigte Ostpreußen an. Hitler war noch etwa eine Woche lang im Adlerhorst geblieben, um den Verlauf der kleinen Offensive im Elsaß zu verfolgen, die er weiterführen ließ, obwohl er sich nichts mehr von ihr versprach, seitdem er am 3. Januar hatte eingestehen müssen, daß die Ardennen-Offensive fehlgeschlagen war.

Wenige Minuten bevor Hitler den Adlerhorst verließ, rief Guderian an und „forderte dringend, daß alles nach Osten geworfen werde“, wie aus Jodls Aufzeichnungen hervorgeht.

Als Guderian am nächsten Tag in Berlin mit Hitler sprach, erklärte der Führer ihm, er werde die beiden Korps der 6. SS-Panzerarmee, die jetzt aus der Ardennen-Front herausgelöst würden, an die Ostfront schicken. Zu Guderians Verblüffung und Entsetzen fügte Hitler jedoch hinzu, er verstärke damit die Heeresgruppe Süd in Ungarn, nicht die Heeresgruppe A. Hitler schien der Auffassung zu sein, der Ausgang des Krieges hänge davon ab, ob es den Deutschen gelinge, ein kleines Ölfeld südwestlich von Budapest zu halten.

Von Berlin aus übernahm Hitler wieder das Kommando über die Ostfront. Am 16. Januar 1945 löste er den Oberbefehlshaber der Heeresgruppe A, Generaloberst Josef Harpe, ab und ersetzte ihn durch Generaloberst Ferdinand Schörner. Schörner gehörte zu den wenigen Generalen, zu denen Hitler volles Vertrauen hatte. Bei seinen Untergebenen galt Schörner, der ein durchaus fähiger General war, als kameradschaftlich, aber auch rücksichtslos hart. Schörner war der Mann, der die Befehle des Führers ausführen würde, falls irgend jemand dazu imstande war. Als Divisionskommandeur in Nordfinnland hatte er in den ersten Kriegsjahren die nonchalante Parole ausgegeben „Arktis ist nicht“ (gemeint war: kein ernstzunehmendes Problem).

Am ersten Tag nach seiner Rückkehr entdeckte Hitler, daß der Generalstab des Heeres dem Oberkommando der Heeresgruppe A gestattet hatte, nach eigenem Ermessen Warschau zu räumen und sich nach Westen in den großen Weichselbogen zurückzuziehen. Hitler widerrief diese Erlaubnis. Er entschied nach dem Studium der Lagekarte – eine alte Angewohnheit Hitlers –, die Heeresgruppe A habe „zumindest“ eine Linie zu halten oder zurückzugewinnen, die östlich von Krakau, westlich von Radomko und von dort aus die Pilica entlang bis in den Raum Warschau verlaufe. Auch Warschau und Modlin sollten gehalten werden.

Am nächsten Tag stießen die Russen weiter vor, ohne sich um Hitlers Absichten zu kümmern. Schukow und Konjew hatten praktisch die gesamte Weichselfront von östlich Krakau bis westlich Modlin aufgerollt. Tagsüber lösten die Überreste des deutschen XXIV. Panzerkorps, die noch zwischen den Flügeln der sowjetischen Heeresgruppen standen, sich nordwestlich von Kielce vom Feind und traten den Rückzug zur Pilica an.

Konjews Panzer überschritten die Pilica und erreichten Tschenstochau und Radomko. Schukows Truppen nahmen Warschau. Die Stawka wies Schukow und Konjew an, den Vormarsch zur Oder zu beschleunigen, und befahl Konjew, Truppen der zweiten Welle – hauptsächlich Infanterie, die noch nicht im Kampf gestanden hatte – und die auf seinem linken Flügel stehenden Einheiten zur Eroberung Krakaus und Oberschlesiens einzusetzen.

Der Verlust Warschaus löste in Berlin eine Explosion aus. Die Heeresgruppe A protestierte, daß Hitlers Gegenbefehl zu spät eingetroffen sei: Die Warschauer Garnison habe ihre Vorräte vernichtet und die Stadt verlassen, als er eingegangen sei. Hitler vermutete Sabotage – aus seiner Sicht nicht einmal ohne Grund, denn die ursprüngliche Weisung hatte inhaltlich keineswegs dem entsprochen, was der Führer voraussichtlich genehmigt hätte.

Am 19. Januar ließ Hitler die drei ranghöchsten Offiziere der Operationsabteilung im OKH verhaften und Guderian einem langen Verhör durch die Gestapo unterziehen. Am nächsten Tag ging ein Führerbefehl hinaus, der die Generale an der Front ihrer letzten Handlungsfreiheit beraubte. Hitler ordnete an: „Die Oberbefehlshaber, Kommandierenden Generale und Divisions-Kommandeure sind mir persönlich dafür verantwortlich, daß mir a) jeder Entschluß zu einer operativen Bewegung, b) jeder beabsichtigte Angriff vom Divisionsverband an aufwärts . . ., c) jedes Angriffsunternehmen an ruhigen Fronten . . ., d) jede beabsichtigte Absetz- oder Rückzugsbewegung, e) jede beabsichtigte Aufgabe einer Stellung eines Ortsstützpunktes oder einer Festung so frühzeitig gemeldet wird, daß mir ein Eingreifen in diese Entschlußfassung möglich ist und ein etwaiger Gegenbefehl die vorderste Truppe noch rechtzeitig erreicht."

Schörner ergriff die Initiative, sobald er den Oberbefehl über die Heeresgruppe A übernommen hatte. Zu seinen ersten Amtshandlungen gehörte die Ablösung des Kommandierenden Generals der 9. Armee, General Simlo Freiherr von Lüttwitz, unter dem Vorwurf, an dem Tag, an dem Warschau verlorengegangen sei, sei seine Befehlsgebung nicht ausreichend „klar und energisch" gewesen. General Theodor Busse übernahm den Oberbefehl über die 9. Armee. Bevor der Kampf zu Ende war, würden noch viele Soldaten aller Dienstgrade Schörner als unnachgiebig harten Vorgesetzten kennenlernen.

Ebenfalls Schörners Art entsprach es, daß die ab 17. Januar 1945 von der Heeresgruppe A erstatteten Meldungen wieder zuversichtlicher klangen. In dem täglichen Lagebericht vom 19. Januar hieß es, Oberschlesien könne „erfolgreich“ verteidigt werden, wenn die beiden von der Heeresgruppe Süd entsandten Panzerdivisionen bald einträfen. Der gefährlichste sowjetische Vorstoß, ein Einbruch in die Lücke zwischen der 4. Panzerarmee und der 9. Armee, erfordere „eine rasche Zuführung neuer Kräfte“, aber auch er könne abgeriegelt und zu Gegenstößen an den Flanken genützt werden. Allerdings blieb offen, woher Schörner diese neuen Kräfte nehmen wollte.

Am nächsten Tag erteilte Schörner der 17. Armee den Auftrag, Oberschlesien zu verteidigen, wies die 4. Panzerarmee an, die Russen westlich von Tschenstochau aufzuhalten, bevor sie nach Breslau vorstoßen konnten, und befahl der 9. Armee, den Raum zwischen Lodz und der Weichsel zu halten und auf dem rechten Flügel zu einem Gegenstoß nach Süden anzutreten. Während die Aufträge an die 17. und 9. Armee wenigstens noch theoretisch zu verwirklichen waren, ließ der Einsatzbefehl für die 4. Panzerarmee jeglichen Bezug zur Realität vermissen, denn diese „Armee“ bestand nur noch aus Teilen zweier Divisionen. Den Rest hatten die Russen bei ihrem Ausbruch aus dem Brückenkopf Baranow vernichtet – bis auf einen Teil des XXIV. Panzerkorps, der sich nach Funkmeldungen hinter den russischen Linien befand und sich offenbar nach Nordwesten zur 9. Armee durchzuschlagen versuchte.

Am 19. Januar liefen die sowjetischen Offensiven

gegen die Heeresgruppen A und Mitte auf Hochtouren. Die Verbindung der beiden deutschen Heeresgruppen zueinander war abgerissen; im Bereich der Heeresgruppe A war die Lücke zwischen der 9. Armee und der 4. Panzerarmee größer geworden, und zwischen der 4. Panzerarmee und der 17. Armee war dem Gegner ein weiterer Einbruch gelungen. Östlich von Breslau wurde die 4. Panzerarmee zur deutschen Grenze zurückgedrängt. Bei Namslau und östlich von Oppeln hatten die Russen sie bereits überschritten. Die 17. Armee hielt am Ostrand des oberschlesischen Industriegebiets noch immer eine zusammenhängende, 65 Kilometer lange Front, aber sie mußte Krakau am 19. Januar räumen.

Die sowjetischen Armeen rückten in Marschkolonnen auf Straßen vor und achteten kaum mehr auf die vereinzelten deutschen Stellungen, an denen sie vorbeikamen. Die Panzer legten durchschnittlich 40 Kilometer pro Tag zurück; die Infanterie marschierte 30 Kilometer. Schukows Hauptangriffsrichtung führte an Lodz vorbei nach Posen, während Konjew auf Breslau abzielte und seine Infanterie einschwenken ließ, um sie Oberschlesien besetzen zu lassen.

Das Wetter hatte aufgeklart, und die starke russische Luftüberlegenheit machte den Deutschen jetzt zu schaffen. Die Luftwaffe hatte am 14. Januar damit begonnen, Jäger und Schlachtflieger an die Ostfront zu verlegen, aber ihre Verluste – hauptsächlich Maschinen, die den Russen auf eroberten Flugplätzen in die Hände fielen – waren höher als die Zahl der Neuzuführungen. Flugzeugwerften und Montagewerke, die nach Polen verlagert worden waren, um sie vor alliierten Luftangriffen zu schützen, fielen in sowjetische Hände.

Hinter der Front verstopften Fahrzeuge aller Art die nach Deutschland hineinführenden Straßen. Unter die nach Westen ziehenden Flüchtlinge mischten sich auch Parteibonzen und nicht wenige Soldaten. Die Heeresgruppe A verfügte nicht über ausreichend Feldpolizei, um auch nur den Versuch machen zu können, die Flüchtlingsströme zu kontrollieren. Die Flüchtlingstrecks, die an der Ostfront seit langem ein gewohntes Bild waren, bestanden jetzt erstmals aus Deutschen. Und sie mußten nicht zur Eile angetrieben werden, denn sie wurden von Angst und Entsetzen gehetzt. Die Deutschen hatten die Hälfte des europäischen Rußlands drei Jahre lang unter ihrer bürokratischen Fuchtel gehabt und dem Land nur Elend und Zerstörung gebracht. Auf ihrem Marsch nach Deutschland hinein rächten die Russen sich jetzt mit Vergewaltigungen, Brandstiftungen, Plünderungen und Morden.

Bis zum Januar 1945 war das oberschlesische Industrierevier nordwestlich von Krakau anstelle des ausgebombten Ruhrgebiets zum größten Kohle- und Stahllieferanten Deutschlands geworden. Ende der dritten Januarwoche arbeiteten Bergbau und Stahlindustrie noch immer auf Hochtouren – ebenso wie die Krematorien der Konzentrationslager, die bisher Arbeitskräfte für Fabriken gestellt hatten und selbst Fabriken waren: Todesfabriken.

Im Osten hielt der linke Flügel der 17. Armee wie ein Wellenbrecher stand, aber im Norden wurde die 4. Panzerarmee unaufhaltsam zur Oder zurückgedrängt. Am 21. Januar ließ Konjew die 3. Garde-Panzerarmee bei Namslau eindrehen und entlang der Oder nach Südosten in den Raum hinter der 17. Armee vorstoßen.

Am nächsten Tag erreichte die Masse der 1. Ukrainischen Front die Oder. Drei Tage später standen Konjews Armeen überall entlang der 225 Kilometer langen Strecke zwischen Cosel und Glogau an der Oder. In Breslau hielt die 4. Panzerarmee einen Brükkenkopf, aber die Russen überschritten den Fluß ober- und unterhalb der Stadt an einem Dutzend Stellen. Schörner befahl Gegenangriffe, zu denen seinen Armeen jedoch die Kraft fehlte.

Am 25. Januar stieß die Masse von Schukows 1. Weißrussischer Front an Posen vorbei in westlicher Richtung nach Küstrin an der Oder vor, das nur noch 65 Kilometer von Berlin entfernt war. Der sowjetische Angriffskeil folgte genau der Linie Warschau-Posen-Berlin. Die gesamte Heeresgruppe A wurde von Spitze und linker Flanke dieses Stoßkeils erfaßt und über die Oder zurückgeworfen. Nördlich der sowjetischen Hauptangriffsrichtung hatten die Deutschen lediglich eine rudimentäre Heeresgruppe stehen, die Hitler vor einigen Tagen gebildet und der er den Namen „Heeresgruppe Weichsel“ gegeben hatte.

Den Oberbefehl über die Heeresgruppe Weichsel hatte Guderian wenigstens dem erfahrenen Stab der Heeresgruppe F, der nicht mehr auf dem Balkan benötigt wurde, übertragen wollen. Aber Hitler behauptete, bei Himmler authentisches, wenn auch spät hervorgetretenes militärisches Talent entdeckt zu haben, und übertrug ihm den Oberbefehl. Himmler erhielt den Auftrag, Pommern und Westpreußen – das Gebiet zwischen den Mündungen von Oder und Weichsel – zu halten, Durchbrüche nach Danzig und Posen zu verhindern und einen Korridor zur Heeresgruppe Mitte in Ostpreußen offenzuhalten.

Als Himmler am 23. Januar an der Ostfront eintraf, hatte sich einer seiner Aufträge bereits erledigt: Die Russen hatten im Weichseldelta die Ostsee erreicht, so daß die Heeresgruppe Mitte in Ostpreußen abgeschnitten war. Die Erfolgsaussichten bei der Ausführung der übrigen Aufträge waren ziemlich schlecht. Die 2. Armee, die von der Heeresgruppe Mitte abgespalten worden war, hielt eine Front an der unteren Weichsel, aber zwischen Weichsel und Oder befand sich „nichts als ein großes Loch", wie Himmler meldete.

Himmler war in seinem elegant ausgestatteten Befehlszug „Steiermark" nach Osten gekommen. Sein Sonderzug, der zuerst auf dem Bahnhof Deutsch-Krone abgestellt war, diente ihm als mobile Befehlsstelle, von der aus er sein weitgespanntes privates Imperium regierte.

Begleitet wurde Himmler von den Stäben für seine Tätigkeit als Reichsführer-SS, Innenminister, Chef der deutschen Polizei und Befehlshaber des Ersatzheeres, um nur die wichtigsten seiner Funktionen zu nennen. Jeder dieser Stäbe hatte eigenes Personal und eigene Akten. Der Zug war mit Funk und Fernschreibern ausgestattet, aber die mit Verwaltungsverkehr ausgelasteten Geräte konnten nicht auch noch den Funk- und Fernschreibverkehr des Oberbefehlshabers einer Heeresgruppe übernehmen. Außerdem wäre Himmler nicht bereit gewesen, seine persönlichen Interessen zugunsten einer Heeresgruppe zu vernachlässigen. Als Oberbefehlshaber der Heeresgruppe Weichsel hatte er buchstäblich nichts: keine Nachrichtenverbindungen zur Front, keinen Stab, keine Reserven und keine Fahrzeuge. Auf dieser Insel des Luxus, die in groteskem Gegensatz zu den Flüchtlingskolonnen stand, die draußen durch Schnee und Eis vorbeizogen, bestand sein ganzer Kontakt mit dem Krieg einige Tage lang lediglich aus vereinzelten, meist schon überholten Lageberichten. Als erster Stabsoffizier traf dann der Ia der Heeresgruppe, ein Oberst, mit dem Auto aus Berlin ein. Erst einige Tage später kam der Chef des Stabes, ein SS-Gruppenführer (General) ohne Stabserfahrung.

Ohne ersichtlichen Grund – es sei denn aus dem Bestreben, zukünftige Historiker zu verwirren – benannte Hitler am 25. Januar die Heeresgruppen der Ostfront um. Die Heeresgruppe Nord wurde zur Heeresgruppe Kurland, die Heeresgruppe Mitte zur Heeresgruppe Nord und die Heeresgruppe A zur Heeresgruppe Mitte.

Am nächsten Tag übertrug Hitler der Heeresgruppe Weichsel einen Teil der Aufgaben, die bisher die Heeresgruppe Mitte (die ehemalige Heeresgruppe A) gehabt hatte. Der Heeresgruppe Weichsel wurde die 9. Armee unterstellt, so daß ihre Front jetzt nach Süden bis Glogau an der Oder reichte, wodurch sie für die Verteidigung des direkten Weges nach Berlin zuständig war. Himmlers Front, falls man sie überhaupt so bezeichnen kann, verlief von der Weichselmündung nach Süden bis Kulm, knickte dort nördlich der Netze nach Westen ab, überquerte später den Fluß, bog rund 90 Kilometer östlich von Küstrin bei dem Verkehrsknotenpunkt Tirschtiegel an der Obra nach Süden ab und erreichte schließlich oberhalb von Glogau die Oder.

Die im Bereich der Heeresgruppe zahlreich vorhandenen Flüsse und Seen boten den Verteidigern jedoch keine Vorteile: Alle waren zugefroren, und die Eisdecke konnte selbst schwerste Panzer tragen. Zur Verteidigung von Tirschtiegel und der 250 Kilometer langen Front nördlich der Netze standen Himmler am 27. Januar zwei improvisierte Korpsstäbe, ein provisorischer Korpsstab, drei Infanteriedivisionen (darunter eine neuaufgestellte lettische Division) und verschiedene wenig kampfkräftige Einheiten mit Versprengten der 9. Armee, Volkssturmmännern und Angehörigen von Alarm- und Ersatzeinheiten zur Verfügung. Vor der Front waren zwei Divisionen in der Festung Thorn eingeschlossen und zwei weitere hielten sich in Posen. Das Oberkommando der 9. Armee brachte einen Korpsstab und drei Divisionsstäbe mit – sonst nichts.

Am 27. und 28. Januar fegte ein Schneesturm über Mitteleuropa und begrub die Straßen im Bereich der Heeresgruppen Weichsel und Mitte unter meterhohen Schneewehen. Am nächsten Tag setzte starkes Tauwetter ein, so daß der zuvor steinhart gefrorene Boden grundlos wurde.

Am 1. Februar schrieb Himmler an Guderian: „Im gegenwärtigen Stadium des Krieges ist das Tauwetter für uns ein Geschenk des Schicksals. Gott hat das tapfere deutsche Volk nicht vergessen." Die Deutschen, fügte er hinzu, kämpften auf eigenem Boden („leider“, wie Himmler ergänzte), wo ihnen ein gut ausgebautes Straßen- und Eisenbahnnetz zur Verfügung stehe; die Russen müßten ihren Nachschub über weite Entfernungen mit Lkw oder Flugzeugen heranschaffen. Nach Himmlers Ansicht würde das warme Wetter den Deutschen Gelegenheit zur Verstärkung ihrer Front geben, die russischen Panzer langsamer und verwundbarer machen und den Verteidigern vielleicht sogar die Möglichkeit geben, hier und da „Stücke teuren deutschen Bodens zurückzugewinnen“.

Tatsächlich kam das Tauwetter einem Geschenk des Schicksals gleich, obwohl die Deutschen seinen Wert vielleicht überschätzten. Die Russen standen auf jeden Fall unmittelbar vor dem Abschluß der ersten Phase ihrer Offensive, und das plötzliche Tauwetter bedeutete für sie schlimmstenfalls zwei bis drei Tage Zeitverlust. Konjew eroberte am 30. Januar Oberschlesien. Einen Tag später erreichten Schukows Panzer nördlich von Küstrin die Oder. Am 3. Februar standen sie von Zehden bis zur Südgrenze der Heeresgruppe an der Oder. In Küstrin und Frankfurt waren sie nur noch 65 Kilometer von Berlin entfernt. In beiden Städten hielten die Deutschen noch Brückenköpfe jenseits der Oder, aber den Russen war es gelungen, nördlich von Küstrin und südlich von Frankfurt die Oder zu überschreiten und ihrerseits Brükkenköpfe zu bilden.

Durch das Tauwetter begünstigt, baute Schörner eine Art Front an der Oder auf, und auch im Bereich der Heeresgruppe Weichsel entstand allmählich eine mehr oder weniger zusammenhängende Front. Am 4. Februar konnte Schörner seinem Führer in einem Fernschreiben melden, daß der erste Ansturm der großen russischen Offensive gegen die Heeresgruppe Mitte zum Stehen gebracht worden sei. Die Front stehe noch an vielen Stellen unter Druck, fügte Schörner hinzu, aber an anderen gingen die deutschen Truppen zu Gegenstößen über.

Sieg im Februar?

Innerhalb von drei Wochen hatte die Rote Armee ihren größten Sieg im Zweiten Weltkrieg errungen. Als Stalin im Februar in Jalta mit Churchill und Roosevelt zusammentraf, hatte er Polen in der Tasche. Während seine Armeen nur noch zwei Tagesmärsche von der deutschen Hauptstadt entfernt waren, kämpften die englischen und amerikanischen Armeen im Westen noch immer darum, ihre Gebietsverluste während der Ardennen-Offensive wieder wettzumachen.

Am 26. Januar 1945 hatte Schukow gemeldet, wenn er vier Tage Zeit erhalte, um ausgeruhte Truppen, Nachschub und zusätzliches Material an die Front zu bringen, sei er am 1. oder 2. Februar zur Fortführung des Angriffs in Richtung Berlin bereit.

Konjew hatte erklärt, er könne die Offensive in seinem Abschnitt zwei bis drei Tage später wiederaufnehmen.

Die sowjetische Offensive war bisher kein einziges Mal ins Stocken geraten. Panzer, Radfahrzeuge und anderes Gerät waren zwar zum Teil reparaturbedürftig, aber dafür war die Infanterie bisher in verhältnismäßig wenige schwere Kämpfe verwickelt gewesen. Nach deutschen Schätzungen lagen die russischen Verluste etwa 20 Prozent niedriger als die durchschnittlichen Monatsverluste während der Sommeroffensive des Jahres 1944.

Wegen der verhältnismäßig leichten sowjetischen Verluste und der Tatsache, daß deutsche Kräfte in Ostpreußen abgeschnitten waren, gelangte der deutsche Nachrichtendienst zu dem Schluß, daß die eigene Truppe durch die sowjetische Offensive weit mehr erschöpft als der Gegner sei. Das Januartauwetter, „das in vernachlässigten Gärten Schneeglöckchen und Krokusse sprießen ließ“, wie ein ehemaliger russischer Kriegsberichterstatter sich später erinnerte, erwies sich als bisher größtes Hemmnis. Durch den Eisgang wurde die Oder zu einem schwierigeren Hindernis, als zu erwarten gewesen war, und der tiefe Schlamm behinderte die sowjetischen Panzer, so daß die auf Fahrrädern ausschwärmenden deutschen Panzerjäger möglicherweise bessere Chancen hatten, aber der russische Vormarsch wurde dadurch nicht ernstlich behindert.

Stalin äußerte Bedenken, als Schukow vorschlug, die Offensive in den ersten Februartagen in Richtung Berlin fortzusetzen. Er machte sich Sorgen wegen eines nur mit schwachen Kräften gehaltenen 150 Kilometer langen Frontabschnitts am Nordflügel, wo Schukows 1. Weißrussische Front ihrem rechten Nachbarn, Marschall Konstantin K. Rokossowskis 2. Weißrussischer Front, vorausgeeilt war. Da Rokossowskis Heeresgruppe nicht mehr für den Kampf gegen die Heeresgruppe Kurland in Ostpreußen benötigt wurde, forderte Stalin Schukow auf, noch abzuwarten, bis auch Rokossowski nach Westen vorgestoßen war. Das sollte zehn Tage, schlimmstenfalls zwei Wochen dauern. Die *Stawka* wies Schukow an, die Masse seiner Armeen nach Westen zu verlegen, während Rokossowski zu ihm aufschloß, um sich auf eine Vergrößerung der Brückenköpfe jenseits der Oder zu konzentrieren.

Für die deutsche Bevölkerung war die erste Februarwoche eine der trübsten dieses Krieges. Die kommenden Monate würden Schrecken und Zerstörung bringen – aber keinen weiteren Schock, der mit dem plötzlichen Erscheinen der Russen an der Oder vergleichbar war. Noch vor drei Wochen war die Front tief in Polen verlaufen und hatte nirgends deutsches Gebiet berührt. Jetzt war Oberschlesien verloren; in Ostpreußen wurde eine deutsche Heeresgruppe vernichtet; Berlin, Westpreußen und Pommern wurden von einer schwachen Heeresgruppe unter einem unerfahrenen Oberbefehlshaber verteidigt; die Abwehrfront an der Oder wurde von Armeen gehalten, die bereits an der Weichsel in die Flucht geschlagen und durch ganz Polen gejagt worden waren. Falls die Russen ihr Vormarschtempo beibehielten, was ihnen durchaus zuzutrauen war, konnten sie in drei Wochen am Rhein stehen.

In schwersten Krisen hatte Hitler stets Erleichterung und Zuflucht in scheinbar unbehinderter Entscheidungsfreiheit und der Illusion gefunden, die Ereignisse in seinem Sinn beeinflussen zu können. Auch in der ersten Februarwoche nahm er wieder dazu Zuflucht. Er erteilte der Heeresgruppe Weichsel vier Aufträge: Aufbau einer starken Front an der Oder oberhalb von Schwedt; Aufhalten des russischen Vormarsches bei Stargard, 130 Kilometer nordöstlich von Berlin, und Einrichten eines Bereitstellungsraumes für einen Angriff in die Nordflanke der sowjetischen

2. Garde-Panzerarmee, die nordöstlich von Berlin zur Oder vorstieß; Halten der Stellungen an der Weichsel; Verteidigung Pommerns und Westpreußens gegen russische Angriffe. Für Himmlers schwache Truppen wäre die Ausführung jedes einzelnen dieser Aufträge eine beachtliche Leistung gewesen. Aber Hitler ignorierte diese Tatsache.

Tatsächlich stand Hitler der sowjetischen Gefahr an der Oder fast gleichgültig gegenüber. Er war noch immer – wie bei seinem ersten Gespräch mit Guderian nach seiner Rückkehr nach Berlin – davon überzeugt, der strategisch wichtigste Abschnitt der Ostfront liege in Ungarn – wegen des Ölfeldes und weil er inzwischen zu der Überzeugung gelangt war, die Russen wollten Wien vor Berlin nehmen. Dabei war ihm gleichgültig, daß die ungarischen Ölquellen schon seit Monaten nicht mehr genug Öl lieferten, um auch nur den Treibstoffbedarf der Heeresgruppe Süd zu decken, oder daß die wichtigsten Raffinerien in Budapest standen, das deutsche Truppen vergeblich zurückzuerobern versucht hatten, bis sie sich am 27. Januar hatten zurückziehen müssen. Die beiden Panzerkorps der 6. SS-Panzerarmee, das I. und II. SS-Panzerkorps, wurden in der Eifel verladen, um per Bahn nach Wien verlegt zu werden. Der Oberbefehlshaber der Heeresgruppe Süd, General Otto Wöhler, hatte Befehl, ihr Eintreffen hinter seiner Front geheimzuhalten.

An der Oderfront östlich von Berlin machte Schukow sich in der ersten Februarwoche daran, seine Ausgangspositionen für den Vorstoß über den Fluß hinweg zu verbessern. Unterdessen konnte die deutsche 9. Armee ihm wenigstens etwas entgegenstellen – zwei hastig aus dem Westen an die Ostfront verlegte Panzerdivisionen und vier unzulänglich ausgebildete Divisionen, die im Raum Berlin aufgestellt worden waren: die Divisionen „Döberitz", „Kurmark", „30. Januar" und „Groß-Berlin". Ihre Namen deuteten einen Elitestatus an, den sie jedoch keineswegs besaßen. An den schmalen Fronten der Brückenköpfe, aus denen der Ausbruch erfolgen sollte, mußte Schukow sich auf seine Infanterie verlassen, aber die Deutschen waren im Kampf gegen sowjetische Infanterie noch immer recht erfolgreich. Schukow erweiterte seine Brückenköpfe, aber die 9. Armee hielt nach wie vor das wichtigste Bollwerk auf dem direkten Weg nach Berlin: Küstrin.

Seit der letzten Januarwoche plante Guderian einen zangenförmigen Gegenangriff, um Schukows Angriffsspitzen an der Oder östlich von Berlin abzukneifen. Die Bildung des nördlichen Zangenarms erschien verhältnismäßig einfach. Solange die Bahnstrecke Stettin-Stargard in deutscher Hand blieb, konnte die nördliche Kampfgruppe 60 Kilometer hinter der sowjetischen Oderfront zusammengezogen werden. Die südliche Kampfgruppe würde jedoch aus dem Raum Guben-Crossen im Oderbogen zum Angriff antreten und sich nach Norden durch die sowjetische Hauptstreitmacht hindurchkämpfen müssen. Potentiell dazu imstande war lediglich die 6. SS-Panzerarmee.

Dieser Plan gefiel Hitler: Er veranlaßte, daß Guderian den Oberbefehlshaber der 6. SS-Panzerarmee, SS-Obergruppenführer Josef „Sepp" Dietrich, und seinen Stab nach Osten holte, damit sie den Plan genauer ausarbeiten konnten. Aber Guderian brauchte Dietrichs fünf Panzerdivisionen, nicht die zweifelhaften Planungsfähigkeiten des SS-Obergruppenführers und seines Stabes. Hitler weigerte sich jedoch, die Divisionen anders als vorgesehen einzusetzen, und schickte Dietrich wenig später hinter ihnen her nach Ungarn. Guderian gegenüber behauptete er, ein lediglich aus dem Raum Stargard geführter Angriff habe mindestens so große Erfolgsaussichten wie der nunmehr hinfällig gewordene Zangenangriff.

Nachdem Guderian auf diese Weise auf die Südhälfte des geplanten Unternehmens verzichten mußte, war er um so entschlossener, die verbliebene Hälfte zu verwirklichen. Er forderte Breite (drei Kampfgruppen auf 50 Kilometer breiter Front), Tiefe und Geschwindigkeit, vor allem Geschwindigkeit. Die Offensive müsse „blitzschnell" vorbereitet und durchgeführt werden, bevor die Russen sich an der Oder festsetzen könnten. Himmler war anfangs, als er noch von einem brillanten Sieg träumen durfte, von dem ein Abglanz auf ihn als dem Oberbefehlshaber der Heeresgruppe Weichsel zurückfallen würde, von diesem Plan begeistert.

Guderian vollbrachte eine für die damaligen Verhältnisse beachtliche Leistung, indem er aus anderen Abschnitten der Ostfront und dem Westen zwei Korpsstäbe und zehn Divisionen, davon sieben Panzerdivisionen, herausquetschte. Aber es erwies sich als fast unmöglich, solche Truppenmassen rasch in den Bereitstellungsraum zu transportieren, weil die Eisenbahnen bestenfalls noch 40 Prozent ihrer Friedenskapazität besaßen, weil die Loks mit Braunkohle beheizt wurden, und als ebenso schwierig, sie angesichts der katastrophalen Versorgungslage auf allen Gebieten für eine Offensive auszurüsten. Am 10. Februar, dem achten Aufmarschtag, waren erst weniger als die Hälfte der beladenen Züge angekommen.

Das Unternehmen litt von Anfang an unter unerwarteten Schwierigkeiten. Guderian zog das Oberkommando der 3. Panzerarmee aus Ostpreußen ab, um ihm den Oberbefehl zu übertragen, aber es traf zu spät ein, so daß er ihn dem Stab der neuen 11. SS-Panzerarmee überlassen mußte. Himmler, der die für die Offensive vorgesehenen Divisionen unter keinen Umständen vorzeitig einsetzen sollte, hatte große Mühe, den Bereitstellungsraum zu verteidigen, und mußte schließlich doch einige der neuen Divisionen an die Front schicken. Das führte dazu, daß Himmler und Guderian bald gänzlich anderer Meinung waren, was den möglichen Angriffstermin betraf.

Am 9. Februar machte Guderian im Gespräch mit Himmler die eher beiläufige Bemerkung – mit der er die eigentliche Entscheidung herbeiführen wollte –, daß er annehme, die Offensive werde am 16. Februar bereits angelaufen sein. Himmler antwortete, er sei nicht bereit, sich auf ein bestimmtes Datum festzulegen, sondern wolle die Entwicklung in den nächsten Tagen abwarten, bevor er seine Entscheidung treffe.

Himmler hatte das Pech, daß seine offenkundig unzulängliche Qualifikation als Oberbefehlshaber einer Heeresgruppe auch Zweifel an seiner Urteilsfähigkeit weckte. Dabei hatte er in Guderian einen Gegenspieler, dessen eigenes Urteil keineswegs immer unfehlbar war. Guderian hatte offenbar den Verdacht, Himmler taktiere hinhaltend, um seine Unfähigkeit zu verbergen. Dieser Verdacht lag nahe, weil Himmler, der sein Hauptquartier hinter die Oder verlegt und sich nie an der Front gezeigt hatte, einen Mangel an Kampfgeist bewies, der in seltsamem Gegensatz zu dem martialischen Ton stand, in dem er in letzter Zeit sprach und schrieb.

Am 13. Februar inszenierte Guderian eine Kraftprobe, indem er in Hitlers Anwesenheit forderte, der stellvertretende Chef des Generalstabs des Heeres, General Walter Wenck, müsse Sondervollmachten erhalten, um die Offensive an Himmlers Stelle führen zu können. Hitler wies Wenck schließlich an, mit „Sondervollmachten" zur Heeresgruppe Weichsel zu fahren, aber er legte nicht fest, welche Befugnisse er dort haben sollte. Damit wurde Himmler die Entscheidungsbefugnis entzogen, ohne daß sie Wenck ausdrücklich übertragen worden wäre.

Nach seiner Ankunft bei der Heeresgruppe Weichsel meldete Wenck sich bei Himmler und fuhr anschließend über die Oder, um die Angriffsvorbereitungen der 11. SS-Panzerarmee selbst zu begutachten – ein lobenswerter Entschluß, denn Himmler hatte sich bisher noch nicht die Mühe gemacht, diese Truppe zu inspizieren, und der Stab der 11. SS-Panzerarmee, ein aufgewerteter Korpsstab unter dem Oberbefehl von SS-Obergruppenführer Felix Steiner, war nicht gerade das ideale Werkzeug für die Durchführung einer Großoffensive. Nachdem Wenck sich davon überzeugt hatte, daß die Divisionen tatsäch-

Sowjetische Bomber über der Stadt

Die Häuser sind zerbombt, und man muß Notlazarette auf der Straße einrichten

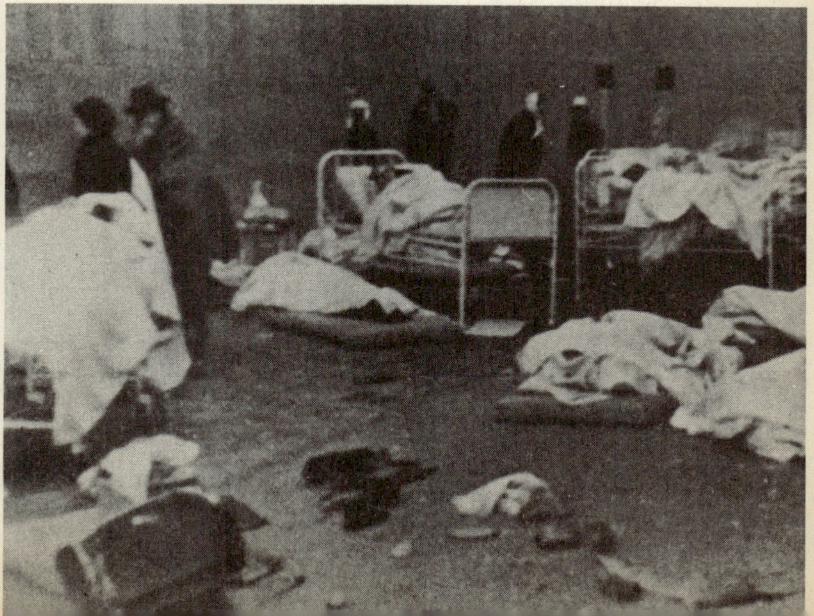

Sowjetische Soldaten beim Straßenkampf in Außenbezirken

Straße um Straße kämpfen sich die gegnerischen Truppen vor

lich noch nicht vollständig herangeführt und ausgerüstet waren, verfiel er auf die wenig vielversprechende Alternative, den Gegenangriff in Etappen beginnen zu lassen, womit anscheinend vor allem Guderian zufriedengestellt werden sollte.

Am Abend des 14. Februar meldete Steiner plötzlich, er habe aufgrund der von Wenck geschilderten Gesamtlage der Ostfront erkannt, daß ein Gegenangriff dringend erforderlich sei – und sei er noch so klein. Deshalb wollte er am nächsten Morgen zu dem zwölf Kilometer vor seiner Front liegenden Arnswalde vorstoßen, dessen deutsche Garnison eingeschlossen war.

Dieser von einer Division geführte Angriff kam für die Russen unerwartet, und die deutsche Angriffsspitze erreichte Arnswalde am frühen Nachmittag. Weder Guderian noch Himmler besaß soviel Selbstbeherrschung, sich mit diesem Erfolg zufriedenzugeben, anstatt darin den vielversprechenden Anfang einer Großoffensive zu sehen. Himmler befahl das Anlaufen des Unternehmens mit dem hoffnungsvollen Decknamen „Sonnenwende“ für den nächsten Tag.

Die ungenügend vorbereitete und wenig erfahrene 11. SS-Panzerarmee vertat den 16. Februar damit, gegen die feindlichen Verbände aufzuklären. Erst am Spätnachmittag dieses Tages wußte Steiner, wo er den Angriffsschwerpunkt bilden wollte. Aber obwohl er behauptete, innerhalb von zwei Tagen losschlagen zu können, hatte die deutsche Offensive sich bereits unwiderruflich festgelaufen. Nachts wurde Wenck auf der Rückfahrt von einer Besprechung bei Hitler bei einem Verkehrsunfall schwer verletzt, aber ob er das Unternehmen „Sonnenwende" hätte retten können, wie Guderian später behauptete, ist zweifelhaft.

Regen und Schlamm bewirkten, daß die deutschen Panzer auf den Straßen bleiben mußten. Himmler befahl die Fortsetzung des Angriffs in der Nacht zum 18. Februar, aber der erhoffte Erfolg blieb aus. Am nächsten Tag bewirkten Minenfelder und die starke sowjetische Panzerabwehr, daß das Unternehmen „Sonnenwende" ein unrühmliches Ende nahm. Bis zum Abend des 18. Februar war die 11. SS-Panzerarmee bestenfalls drei bis fünf Kilometer vorangekommen, als Himmler eine Umgruppierung befahl und den Vormarsch dadurch endgültig zum Stehen brachte. Drei Tage später wies Hitler ihn an, einen Korpsstab und drei Divisionen der 11. SS-Panzerarmee an die Heeresgruppe Mitte abzugeben. Das Oberkommando der 3. Panzerarmee übernahm den Befehl über die restlichen Divisionen, und Steiner und sein Stab, die im Augenblick bei Himmler in Ungnade gefallen waren, gingen über die Oder zurück, um als Sammelstelle für Versprengte zu dienen.

Soviel die Deutschen beurteilen konnten, hatte das Unternehmen „Sonnenwende" auf russischer Seite kaum Wellen geschlagen. Der deutsche Gegenstoß war so rasch liegengeblieben, daß zweifelhaft war, ob die Russen überhaupt gemerkt hatten, welche weitreichenden Absichten damit verfolgt wurden. Die 9. Armee meldete, an der Oderfront herrsche „verdächtige" Ruhe; die Russen wirkten keineswegs beunruhigt, und alles deutete darauf hin, daß die 1. Weißrussische Front innerhalb weniger Tage ihre Offensive in Richtung Berlin fortsetzen würde.

Die Deutschen konnten jedoch nicht ahnen, daß ihr Unternehmen „Sonnenwende“ auf sowjetischer Seite erheblich mehr Wirkung gezeigt hatte, als nach den stockend und wenig schwungvoll vorgetragenen deutschen Angriffen zu erwarten gewesen war. Obwohl das Unternehmen mit einem völligen Mißerfolg endete, traf „Sonnenwende“ den empfindlichsten Punkt des sowjetischen Plans für die Winteroffensive des Jahres 1945: Die zweite Phase, der Angriff über die Oder hinweg, setzte eine gewisse Risikobereitschaft voraus. Falls die Deutschen nicht absichtlich getäuscht wurden, was unwahrscheinlich war, weil es zwecklos gewesen wäre, stand die 1. Weißrussische Front Mitte Februar 1945 zum Angriff auf Berlin bereit. Das Unternehmen „Sonnenwende“ schlug nicht so weit durch, daß der sowjetische Aufmarsch gestört worden wäre, aber es wurde auch nicht ignoriert, wie die Deutschen vielleicht glaubten. Am 17. Februar änderte die *Stawka* plötzlich den ursprünglichen Plan und erteilte Schukow den Auftrag, vor dem Angriff auf Berlin das Ostufer der Oder zu säubern.

Eine schwache Festung

Der sowjetische Vormarsch von der Weichsel zur Oder im Januar 1945 hatte erstaunlich geringe sichtbare Auswirkungen auf den Berliner Alltag. Das Leben in der Reichshauptstadt und ihrer näheren Umgebung, in der alle Ministerien und die höchsten Kommandobehörden der Wehrmacht mit ihren Nachrichtenzentralen untergebracht waren, ging seinen gewohnten Gang, zu dem in periodischen Abständen schwere Luftangriffe und häufige Nachtangriffe englischer Mosquitos gehörten. Die Verlegung von Regierungsdienststellen, Befestigungsarbeiten und die Panik, die während des deutschen Vormarsches auf Moskau im Oktober 1941 geherrscht hatte, waren hier nicht zu beobachten.

Auch wenn russische Panzer an der Oder standen, galt in Berlin noch immer das Wort des Führers. Selbst die Frage, wie die Stadt am besten evakuiert oder verteidigt werden könne, konnte nur dann ungestraft angeschnitten werden, wenn Hitler selbst das Gespräch darauf brachte, und im Januar 1945 träumte er noch von der Zurückeroberung Budapests, anstatt an die Verteidigung Berlins zu denken.

Tatsächlich war bis Ende Januar nur wenig unternommen worden, um im Raum westlich der Oder Verteidigungsstellungen zu bauen. Aus politischen und psychologischen Gründen hatte Hitler darauf bestanden, deutsche Gebiete erst im letzten Augenblick zu Operationsgebieten zu erklären. Er wollte dem deutschen Volk – und wohl auch sich selbst – die grimmige Realität ersparen, daß das Zentrum des Deutschen Reiches offiziell zur Kampfzone erklärt wurde. Deshalb wartete Keitel, der Chef des Oberkommandos der Wehrmacht, bis in die zweite Januarhälfte hinein, bevor er dem Oberkommando des Heeres gestattete, Weisungen über Befestigung und Verteidigung des Wehrkreises III, zu dem Berlin und ein breiter Gebietsstreifen bis zur Oder gehörten, zu erteilen.

Der erste von Keitel selbst stammende Befehl, der die Verteidigung Berlins betraf, ging erst am 2. Februar hinaus und übertrug die Verantwortung dafür dem Kommandierenden General des Wehrkreises III. Der Wehrkreis war eine bloße Verwaltungsorganisation, der keine Kampftruppen unterstanden. Durch Keitels Befehl wurden lediglich die Befugnisse des Wehrkreiskommandeurs für den Fall erweitert, daß in seinem Gebiet in Zukunft neue Truppen stationiert werden könnten; außerdem wurde ihm der Befehl über den Erdkampf der 1. Flakdivision übertragen, die Berlin gegen die alliierten Bomberströme verteidigte. Seine taktischen Anweisungen sollte der Wehrkreiskommandeur direkt von Hitler erhalten; deshalb würde er in Zukunft regelmäßig an den Lagebesprechungen im Führerhauptquartier teilnehmen.

Ende der dritten Februarwoche war noch immer keine Entscheidung Hitlers in bezug auf Berlin bekannt. Eine Anfrage des Oberkommandos der Wehrmacht an die Reichskanzlei, in der um Auskunft über „die Absichten höchster Regierungsstellen für den Fall einer Schlacht um Berlin“ ersucht wurde, wurde mit der Feststellung beantwortet, bisher sei lediglich befohlen worden, daß alle Dienststellen in der Stadt zu bleiben hätten. Die Möglichkeit, daß Berlin selbst zum Kampfgebiet „oder sogar eingeschlossen“ werden könne, sei nicht besprochen worden. Hitler hatte gesagt, Frauen und Kinder sollten die Stadt verlassen dürfen, aber er wollte nicht, daß das öffentlich bekanntgemacht wurde.

Unterdessen erwies sich die Evakuierung eines Teils der Bevölkerung jedoch als unumgänglich – nicht wegen der vor den Toren stehenden Russen, sondern wegen der englischen und amerikanischen Luftangriffe. Bei ihrer Besprechung am 30. Januar auf Malta waren die englischen und amerikanischen Vereinigten Stabschefs der Ansicht gewesen, auf der bevorstehenden Konferenz von Jalta würden die Russen wahrscheinlich Luftangriffe auf Verkehrsknotenpunkte in Ostdeutschland verlangen. Aus diesem Grund wurden Berlin, Leipzig und Dresden als wichtige Ziele eingestuft, deren Bedeutung nur noch von den deutschen Hydrierwerken übertroffen wurde.

Als Beweis für die Bereitschaft der Westmächte, ihre russischen Verbündeten zu unterstützen, flog die amerikanische Eighth Air Force am 3. Februar einen Tausendbomberangriff mit B-17 (Fliegenden Festungen) auf Berlin. Die Flugzeuge bombardierten in erster Linie Bahnanlagen und das Regierungsviertel. Die Reichskanzlei, das Luftfahrtministerium, das Außenministerium, das Ministerium für Volksaufklärung und Propaganda sowie die Gestapozentrale wurden schwer beschädigt. Danach konnten nicht mehr alle Behörden in Berlin bleiben, zumal ein noch schwererer Angriff am 26. Februar, bei dem 2879 Tonnen Bomben abgeworfen wurden, weitere Dienstgebäude beschädigte oder zerstörte.

Am 6. März 1945 nahm die Planung für die Verteidigung Berlins mit der Ernennung von Generalleutnant Hellmuth Reymann, der damit die Befugnisse des Wehrkreisbefehlshabers übernahm, zum Kommandanten der Verteidungszone Berlin endlich handgreifliche Formen an. Reymanns Dienstbezeichnung ließ erkennen, wie wenig bisher geschehen war: Der Ausdruck „Verteidigungszone“ sollte nur in Ausnahmefällen für „noch nicht fertiggestellte Festungen“ gelten.

Am 9. März unterzeichnete Reymann den „Grundsätzlichen Befehl für die Vorbereitungen zur Verteidigung der Reichshauptstadt“, dessen 33 Seiten lange Ausführungen von Hitler hätten stammen können. Der Auftrag lautete: Verteidigung der Reichshauptstadt „bis zum letzten Mann und bis zur letzten Patrone“. Der Kampf sollte mit „Fanatismus, Phantasie, allen Mitteln der Täuschung, der List und Hinterlist“ sowie „Aushilfen aller Art“ geführt werden – „auf, über und unter der Erde“. „Jeder Häuserblock, jedes Haus, jedes Stockwerk, jede Hecke, jeder Granattrichter“ sollte „bis zum Äußersten“ verteidigt werden.

Reymann betonte, es komme weniger darauf an, daß jeder Verteidiger eine gründliche militärische Ausbildung habe, sondern daß „jeder Kämpfer vom fanatischen Willen zum KÄMPFEN-WOLLEN" erfüllt sei und „daß er weiß, daß die Welt mit angehaltenem Atem diesem Kampf zusieht und daß der Kampf um Berlin die Kriegsentscheidung bringen kann".

Durch den „Grundsatzbefehl" war nun auch Berlin zu einer Festung geworden. Die Bezeichnung „Festung" verwendete Hitler ab 1942 immer häufiger, nachdem Stalingrad an der Wolga die erste gewesen war. Von dort aus waren Rußland und Osteuropa in westlicher Richtung mit in Trümmern liegenden Städten und Großstädten übersät, die einst Hitlers Festungen gewesen waren. Angehöriger einer Festungsbesatzung zu sein, kam einem Himmelfahrtskommando, praktisch einem Todesurteil gleich. Die Besatzungen hatten regelmäßig zwei Aufträge: Sie mußten die Festung halten, bis sie entsetzt wurde oder bis Hitler ihre Räumung gestattete – beides kam selten genug vor –, oder so lange Widerstand leisten, daß der feindliche Vormarsch durch den Kampf um die Festung aufgehalten wurde.

Berlin als Reichshauptstadt sollte die größte der deutschen Festungen werden. Hitler zog den äußeren Verteidungsring als einen großen Kreis mit 30 Kilometer Radius, in dessen Mittelpunkt die Innenstadt lag. Innerhalb dieses Ringes gab es zwei weitere Verteidigungsringe: einer mit etwa 15 Kilometer Radius, der andere dem Verlauf der Berliner S-Bahn folgend. Für jeden der acht keilförmigen Abschnitte, mit den Buchstaben A bis H bezeichnet, wurde ein Kampfkommandant bestimmt. Ein kleiner innerer Ring um das Regierungsviertel erhielt die Bezeichnung „Mitte, Z" (Zitadelle).

Die Besatzungsstärke läßt jedoch erkennen, daß Hitler im Grunde genommen nicht viel von der Idee einer Festung Berlin hielt. Außer der 1. Flakdivision, die zur Luftabwehr eingesetzt bleiben würde, bis die Erdkämpfe begannen, unterstanden Reymann lediglich sechs Bataillone, davon zwei Volkssturmbataillone, ein Wachbataillon und verschiedene kleinere SS- und Polizeieinheiten. Den Abschnittskommandanten unterstanden erst Truppen, wenn das Stichwort „Clausewitz" ausgegeben wurde, das die Annäherung des Feindes ankündigte. Sie übernahmen dann den Befehl über den Berliner Volkssturm und alle Truppenteile, die sich zu diesem Zeitpunkt in ihrem Abschnitt befanden. Ebenso unterstanden ihnen alle Einheiten, die auf dem Vorbeimarsch angehalten wurden oder bei Absetzbewegungen in Festungsabschnitte gerieten – was sie nach Möglichkeit vermieden, wie die bisherigen Erfahrungen zeigten.

Hitler war sich zweifellos darüber im klaren, daß Berlin und Mitteldeutschland, falls überhaupt, nur an der Oder, nicht aber an der Berliner S-Bahn verteidigt werden konnten. Trotzdem vernachlässigte er die Oderfront noch länger, als er den Ausbau der Berliner Verteidigungsringe vernachlässigt hatte. Solange er sich einbildete, noch strategische Entscheidungen treffen zu können – bei Stargard im Februar, in Ungarn im März –, vernachlässigte er Berlin und seine nähere Umgebung. Deshalb hatte die Oderfront nur etwas weniger Ähnlichkeit mit einem Kartenhaus als die Festung Berlin.

Anfang März waren Hitler und seine Generale sich darüber einig, daß ein sowjetischer Vorstoß nach Berlin die größte potentielle Gefahr darstellte, weil die Russen in letzter Zeit viel rascher vorangekommen waren als die Engländer und Amerikaner – und weil Hitlers Umgebung sich nichts Schlimmeres vorstellen konnte als eine Eroberung der Reichshauptstadt durch die Russen. Andererseits behauptete Hitler zu wissen, daß die Russen sich noch keineswegs auf eine Offensive nach Berlin und Mitteldeutschland geeinigt hätten. Das sollte Schukows Absicht sein, aber Stalin wollte angeblich eine zangenförmige Offensive in die westliche Tschechoslowakei über Mährisch-Ostrau im Norden und Preßburg-Brünn im Süden, die vor oder gleichzeitig mit der Berlin-Offensive anlaufen sollte.

Hitler verriet allerdings nicht, woher diese „Informationen" stammten, und war durchaus imstande, solche Nachrichten zu erfinden, wenn ihm daran lag, die Diskussion in eine bestimmte Richtung zu lenken.

Obwohl es inzwischen fünf vor zwölf war, hätte Hitler die Oderfront wohl noch länger vernachlässigt, wenn er nicht am 15. März „intuitiv" auf die Idee gekommen wäre, Stalin werde sich nun doch für die Berlin-Offensive entscheiden und den Angriffsbefehl schon in wenigen Tagen geben. An diesem Abend beriet Hitler sich mit Himmler, Guderian und Busse, dem Oberbefehlshaber der 9. Armee. Falls bis zum Losbrechen der sowjetischen Offensive noch Zeit blieb, sollte Busse aus dem Frankfurter Brückenkopf nach Norden vorstoßen und die russische Kräftekonzentration südlich von Küstrin „zerschlagen". Himmler erhielt Anweisung, sich auf eine Schlacht an der unteren Oder vorzubereiten und vor allem den

Frontabschnitt Küstrin-Frankfurt-Guben zu verstärken.

Die anscheinend Mitte März bevorstehende Entscheidungsschlacht brachte das deutsche Oberkommando in eine Zwangslage. Guderian, dem es darum ging, dem deutschen Volk nach der wahrscheinlich drohenden Niederlage wenigstens die Lebensgrundlagen zu erhalten, ordnete an, in Zukunft seien Verkehrs-, Nachrichten-, Industrie- und Versorgungsanlagen bei Rückzügen nicht mehr zu zerstören, sondern nur unbrauchbar zu machen – angeblich, um sie bei der Rückgewinnung verlorener Gebiete wieder für eigene Zwecke in Betrieb nehmen zu können.

Am 19. März widersprach Hitler ihm in einem Führerbefehl über „Zerstörungsmaßnahmen im Reichsgebiet", in dem er Guderians Auffassung als „Irrtum" anprangerte. Er ordnete eine rücksichtslose Politik der verbrannten Erde an und fügte ausdrücklich hinzu: „Entgegenstehende Weisungen sind ungültig." Aber als Joseph Goebbels in seiner Eigenschaft als Gauleiter von Berlin vier Tage später den Vorschlag machte, die Charlottenburger Chaussee in eine Start- und Landebahn umzuwandeln, verbot Hitler ihm, die im Tiergarten zu nahe an der Straße stehenden Bäume fällen zu lassen.

Auch in seinem Bestreben, die Oderfront zu halten, erwies Hitler sich als unstet. Als Guderian die lauwarme Unterstützung des Oberbefehlshabers der Marine, Großadmiral Karl Dönitz, für den Versuch gewann, Hitler dazu zu überreden, Kurland zu räumen und die dort eingeschlossene Heeresgruppe nach Deutschland zurückzuholen, wehrte Hitler mit der

Begründung ab, durch die Räumung würden gleich viele russische Einheiten frei, so daß keine Änderung der relativen Kräfteverhältnisse zu erwarten sei. Hitler blieb auch ungerührt, als der Oberbefehlshaber der Heeresgruppe Kurland meldete, die Heeresgruppe könne wahrscheinlich keinen weiteren sowjetischen Großangriff mehr überstehen. Am 13. März war der fünfte russische Großangriff seit der Einschließung der Heeresgruppe im Herbst 1944 abgewehrt worden.

Auf anderem Gebiet – bei dem Versuch, Himmler als Oberbefehlshaber der Heeresgruppe Weichsel aus dem Sattel zu heben – hatte Guderian mehr Erfolg. Mitte März ging Himmler beinahe erleichtert auf Guderians Vorschlag ein, den Oberbefehl abzugeben. Nach dem Fiasko bei Stargard, durch das er bei Hitler in Ungnade gefallen war, hatte Himmler es vermieden, weiterhin persönlich die Verantwortung für die Heeresgruppe zu übernehmen. Er hatte sich schließlich in das Sanatorium seines Leibarztes in Hohenlychen zurückgezogen.

Am 20. März 1945 übernahm Generaloberst Gotthard Heinrici den Oberbefehl über die Heeresgruppe Weichsel, und zwei Tage später stimmte Hitler Guderians Vorschlag zu, den Stab der früheren Heeresgruppe F als Ersatz für Himmlers improvisierten Stab vom Balkan heraufzuholen.

Auch Guderians Amtszeit näherte sich ihrem Ende. Er hatte den größten Teil der Begeisterung eingebüßt, mit dem er den Posten des Chefs des Generalstabs des Heeres im vorigen Sommer übernommen hatte; außerdem ging er Hitler durch eine Eigenschaft auf die Nerven, die er sich mit seinen Vorgängern teilte: Er widersprach zu häufig.

Hitler hatte beschlossen, Guderian „einen langen Urlaub aus Gesundheitsgründen" zu gewähren, und wartete ungeduldig darauf, daß Wenck sich von den Folgen seines Verkehrsunfalls erholte, damit er Guderians Vertretung übernehmen konnte. In letzter Zeit hatte Hitler sogar davon gesprochen, daß er am liebsten auf die herkömmliche Militärorganisation und Führungsstruktur verzichten würde. Er brauche Männer wie die Führer der Freikorps nach dem Ersten Weltkrieg: Männer, die sich ihre Truppe selbst zusammenstellten.

Die nach Hitlers Ansicht im Augenblick am besten für derartige Aufgaben geeigneten Offiziere waren die SS-Führer Erich von dem Bach-Zelewski, Otto Skorzeny und Hans Reinefarth. Von dem Bach-Zelewski und Reinefarth hatten 1944 den Warschauer Aufstand blutig unterdrückt, und Skorzeny war ein Haudegen, dessen berühmteste Tat die Befreiung Mussolinis nach seiner Festnahme durch die italienische Regierung gewesen war. Im März 1945 befehligte Reinefarth die äußerst wichtige Festung Küstrin. Die beiden Generale, von denen Hitler am meisten hielt, standen im Augenblick nicht für neue Aufgaben zur Verfügung: Beide waren vor kurzem von Kriegsgerichten zu Haftstrafen verurteilt worden, weil sie sich an beschlagnahmtem Feindeigentum bereichert hatten.

Bevor die 9. Armee aus dem Frankfurter Brückenkopf antreten konnte, um die sowjetischen Bereitstellungen zu „zerschlagen", wie Hitler Busse befohlen hatte, brach die 1. Weißrussische Front am 22. März aus ihren Brückenköpfen beidseits von Küstrin aus und schloß die Garnison der Küstriner Altstadt ein (Küstrin-Neustadt östlich der Oder war schon früher gefallen). Ein Gegenstoß zweier Panzerdivisionen, die ursprünglich mit von Frankfurt aus hatten angreifen sollen, blieb am 24. März liegen. Danach gelangten Heinrici und Busse zu der Überzeugung, es sei besser, auf einen weiteren Durchbruchsversuch nach Küstrin zu verzichten, um Kraft zu sparen. Hitler hielt Heinrici daraufhin einen Vortrag über die Zwecklosigkeit ständigen Hinterherhinkens hinter dem Gegner und forderte einen Gegenangriff, der nicht nur Küstrin entsetzen, sondern die gesamten sowjetischen Bereitstellungen „zerschlagen" sollte.

Nachdem dieser zweite Versuch am 27. März fehlgeschlagen war, gab Hitler Guderian am nächsten Tag nach einer erregten Auseinandersetzung mit Guderian und Busse sechs Wochen „Erholungsurlaub" und beauftragte General Hans Krebs mit der Führung des Generalstabs des Heeres. Krebs war im ganzen Heer wegen seines unerschütterlichen Optimismus und seiner chamäleonartigen Fähigkeit, sich den Ansichten seiner Vorgesetzten anzupassen, bekannt.

Am 30. März entschied Reinefarth sich gegen einen Heldentod in Küstrin und schlug sich mit den Überresten seiner Garnison zu den deutschen Linien durch. Die Festung war gefallen, und die Russen besaßen einen geräumigen Brückenkopf entlang der kürzesten Route nach Berlin.

Zwischenspiel

Der fehlgeschlagene Gegenangriff bei Stargard brachte den Deutschen einen erheblichen, unerwarteten und unverdienten Zeitgewinn. In einem Anfall von übertriebener Vorsicht, der die sowjetische Seite Mitte Februar erfaßte, brach die *Stawka* alle Vorbereitungen für eine Offensive in Richtung Berlin und Mitteldeutschland ab und setzte die Masse ihrer Kräfte für weniger wichtige, ganz unspektakuläre Säuberungsaktionen an den Flügeln in Pommern und Schlesien ein. Fast sechs Wochen lang schienen Berlin und das restliche deutsche Gebiet westlich der Oder aus dem Blickfeld der *Stawka* verschwunden zu sein.

Angesichts der Tatsache, daß die Engländer und Amerikaner noch jenseits des Rheins standen – den sie erst Ende der ersten Märzwoche überschritten –, war das sowjetische Oberkommando der Auffassung, reichlich Zeit zu haben. Das hätte eine Begründung für eine Säuberungsaktion an den Flanken vor dem letzten großen Vorstoß nach Deutschland hinein sein können, während die Engländer und Amerikaner sich im Westen verbluteten. Der Ablauf der Ereignisse im März legt jedoch den Schluß nahe, daß diese Kampfpause weniger beabsichtigt, als die Folge plötzlicher Zweifel auf höherer Ebene der sowjetischen Führung war.

In Wirklichkeit war die deutsche Ostfront keineswegs so stark, daß die besondere Vorsicht des sowjetischen Oberkommandos berechtigt gewesen wäre. Ende Februar standen an der Ostfront insgesamt zwei Millionen deutsche Soldaten – etwas mehr als am 1. Januar 1945, aber dazu gehörten viele neue, hastig aufgestellte, unzulänglich ausgebildete Divisionen sowie die nach Ungarn verlegten Divisionen der 6. SS-Panzerarmee. Weniger als die Hälfte der 660 000 Ausfälle, die das deutsche Ostheer auf dem Rückzug von der Weichsel zur Oder zu verzeichnen gehabt hatte, waren ersetzt worden, und Ende Februar war über ein Viertel der an der Ostfront eingesetzten Truppen (556 000 Mann) in Kurland und Ostpreußen eingeschlossen. Mitte Februar verfügte das Ersatzheer nicht mehr über genügend Handfeuerwaffen, um die neuen Divisionen vollständig auszurüsten. Auch die Herstellung von Schießpulver war inzwischen unter die Mindestmengen gesunken, die für eine ausreichende Munitionsversorgung erforderlich waren. Während monatlich 1 500 000 Panzer- und Artilleriegranaten benötigt wurden, betrug der Ausstoß im Januar 1945 nur 367 000 Granaten. Wegen der Treibstoffknappheit mußte das Oberkommando der Wehrmacht in der dritten Februarwoche radikale Einschränkungen bei Einsätzen von Kampfflugzeugen befehlen: Die Flugzeuge sollten nur noch an entscheidenden Punkten und auch dort nur eingesetzt werden, wenn keine anderen Mittel zur Verfügung standen.

In einer strategischen Lagebeurteilung deutscher Nachrichtendienststellen, die Hitler am 26. Februar zuging, wurde die Vermutung geäußert, der sowjetische Angriffsschwerpunkt werde „ausschließlich in der entscheidenden Richtung konzentriert sein – nach Westen“. Es lag auf der Hand, daß das sowjetische Oberkommando versuchen würde, die durch die Januaroffensive in Deutschland entstandene militärische Krise weiter zu schüren. Der deutsche Nachrichtendienst konnte sich nicht vorstellen, daß die *Stawka* sich durch imaginäre Gefahren an den Flügeln der sowjetischen Fronten von ihrem Hauptziel, der Eroberung Berlins, würde abbringen lassen – vor allem nicht nach dem vergeblichen deutschen Gegenangriff aus dem Raum Stargard. Und da über sechs Millionen Russen nur etwa zwei Millionen Deutsche gegenüberstanden, war zu erwarten, daß die Rote Armee etwaige deutsche Störungsangriffe mühelos würde abwehren können, ohne ihr Vormarschtempo in der Hauptstoßrichtung wesentlich verlangsamen zu müssen.

Der deutsche taktische Nachrichtendienstbericht vom 25. Februar zeigt, daß die Angriffsspitzen der 1. Weißrussischen und 1. Ukrainischen Front, ihre vier Panzerarmeen, zum Vorstoß nach Westen bereitstanden. Schukows 1. und 2. Garde-Panzerarmee standen etwas abseits – eine nördlich, die andere südlich der Angriffsachse nach Berlin. Beide waren während des deutschen Gegenangriffs am 16./18. Februar in ihren Stellungen geblieben.

In der Zeit vom 8. bis 21. Februar hatte Konjew es sehr eilig gehabt, die 100 Kilometer zwischen den Flüssen Oder und Neiße von feindlichen Truppen zu säubern. Die Neiße war das letzte größere Flußhindernis bis zur Elbe, und westlich von Oder und Neiße lagen Berlin und Dresden. Bis Konjews Vormarsch am 21. Februar abrupt zum Stehen kam, deutete alles darauf hin, daß er die Absicht hatte, seine Offensive über die Neiße hinaus fortzusetzen. Seine Pioniere arbeiteten mit Hochdruck am Bau von Brücken über die Flüsse Bober und Queis, und die sowjetischen Panzerkommandanten hatten Karten des Gebiets zwischen Neiße und Elbe erhalten. Am 21. Februar oder an einem der folgenden Tage hätte Konjew die Neiße überschreiten können, ohne daß die Deutschen imstande gewesen wären, ihn daran zu hindern. Aber seine Panzerarmeen standen noch am 25. Februar an den Flußübergängen: die 4. Panzerarmee zwischen Guben und Forst, die 3. Garde-Panzerarmee westlich von Görlitz.

In den Tagen vom 24. bis 26. Februar merkten die Deutschen erstmals, daß auf sowjetischer Seite ein Sinneswandel eingetreten zu sein schien. Am 24. Februar führte Rokossowskis 2. Weißrussische Front, die sich auf Schukows rechtem Flügel vorgeschoben und den im Norden an Westpreußen grenzenden Abschnitt übernommen hatte, nachdrückliche Erkundungsvorstöße. In der linken Hälfte seines Frontabschnitts entdeckte Rokossowski am ersten Tag schwache Stellen in der deutschen Abwehr, und am Abend des zweiten Tages hatten seine Truppen fast die Hälfte der Strecke bis zur Ostseeküste zurückgelegt.

Am 26. Februar meldeten deutsche Spione in Konjews Sektor, daß die 4. Panzerarmee den Raum Guben-Forst räumte und in Richtung Liegnitz vorstieß. Daraus schlossen die Deutschen, daß es sich hier lediglich um ein Zwischenspiel vor der eigentlichen Offensive handele: Die Russen wollten offenbar die letzte Gefahr an ihren Flügeln beseitigen. Im Norden ließ sich diese Absicht nach Meinung des deutschen Generalstabs am besten dadurch verwirklichen, daß der Gegner einen Keil zwischen die 3. Panzerarmee und die 2. Armee trieb und die deutsche Landverbindung nach Danzig und Gdingen unterbrach.

Im Süden, in Schlesien, schien den Russen keine Gefahr mehr zu drohen, aber da die Rote Armee offenbar entschlossen war, irgend etwas zu unternehmen, vermuteten die Deutschen, daß sie versuchen würde, die 17. Armee gegen die Sudeten zurückzudrängen und möglicherweise nebenbei das tschechoslowakische Industriegebiet um Mährisch-Ostrau mitzuerobern.

Eine am 28. Februar erbeutete russische Karte bestätigte, daß Rokossowskis Vorstoß tatsächlich auf die Ostseeküste östlich von Köslin abzielte, um einen Keil zwischen die 3. Panzerarmee und die 2. Armee zu treiben. Die beiden deutschen Armeen hatten zu wenig Treibstoff und Artilleriemunition, um ihn daran zu hindern: Am 1. März erreichte seine 3. Garde-Panzerarmee die Ostseeküste und unterbrach dadurch die Bahn- und Straßenverbindungen zur 2. Armee sowie nach Danzig und Gdingen, den Nachschubhäfen für die Heeresgruppen Nord und Kurland.

Schukow war unterdessen untätig geblieben, was vermuten ließ, daß er auf den Befehl zur Wiederaufnahme des Vormarsches nach Westen wartete. Aber an dem Tag, an dem Rokossowski die Küste erreichte, griff Schukow ebenfalls nach Norden an. Seine beiden Panzerarmeen und eine Stoßarmee durchstießen die Mitte der deutschen 3. Panzerarmee, wobei die 1. Garde-Panzerarmee nach Norden in Richtung Kolberg angriff, während die 2. Garde-Panzerarmee nach Nordwesten zur Odermündung abdrehte. Innerhalb von vier Tagen stand die 1. Garde-Panzerarmee mit Teilen an der Küste, hatte Kolberg eingeschlossen und hielt auf dem rechten Flügel Verbindung mit Rokossowskis linkem Flügel.

Die Einschließung von Kolberg mußte den Deutschen aus einem besonderen Grund peinlich sein: Im Februar hatte Goebbels' Ministerium für Volksaufklärung und Propaganda den mit großem Aufwand gedrehten Farbfilm *Kolberg,* der Gneisenaus erfolgreiche Verteidung der Stadt gegen die im Jahre 1807 angreifenden Franzosen schilderte, in die Kinos gebracht. Goebbels' Durchhaltefilm entging jedoch dem drohenden Schicksal, eine klassische Propagandapleite zu werden. Die alte Stadt an der Ostsee, die im Siebenjährigen Krieg dreimal von Russen belagert und nur einmal eingenommen worden war und die später Napoleons Truppen getrotzt hatte, ging im Zweiten Weltkrieg schließlich doch verloren – aber sie kapitulierte nicht. Ihre Garnison hielt sich bis zum 18. März 1945. Bis dahin waren 80000 Einwohner und Flüchtlinge über die Ostsee evakuiert worden, und das letzte Aufgebot von einigen hundert Soldaten wurde von einem Zerstörer abgeholt.

Am 5. März schienen die Russen überhaupt nicht mehr an Berlin zu denken. Im Laufe dieses Tages unterstellte Schukow seine 1. Garde-Panzerarmee Rokossowski, der sie nach Osten einschwenken und in Richtung Danziger Bucht angreifen ließ. Nach einer Woche stand die 1. Garde-Panzerarmee bei Putzig an der Ostsee – 380 Kilometer östlich von Berlin. Schukow, der die 3. Panzerarmee innerhalb von vier Tagen zerschlagen hatte, ließ sich weitere zwei Wochen Zeit, um ihre Überreste hinter die Oder zurückzutreiben. Rokossowski brauchte bis zum Monatsende, um Danzig und Gdingen zu nehmen.

Dem gemächlichen Vormarschtempo der Russen im Norden entsprachen auch ihre Operationen im Süden. Was sie dort beabsichtigten, blieb den Deutschen damals ein Rätsel – und ist es wohl noch immer. Konjews Aufmarsch in Oberschlesien nahm Ende Februar und Anfang März solche Formen an, daß Hitlers Verdacht, die Russen wollten vor ihrer Berlin-Offensive in die Tschechoslowakei einbrechen, gerechtfertigt erschien.

Tatsächlich läßt die oberschlesische Offensive sich kaum anders erklären. Nach sowjetischen Darstellungen sei damals nicht mehr vorgesehen gewesen, als dann auch erreicht wurde: ein Abdrängen der deutschen Heeresgruppe Mitte von der Oder oberhalb von Oppeln nach Südwesten. Dadurch veränderte sich die Lage an Konjews linker Flanke jedoch nicht entscheidend, und der sowjetische Vorstoß schuf längst keine so klaren Verhältnisse wie die Offensive Schukows und Rokossowskis in Pommern und Westpreußen. Um ähnliche Verbesserungen an Konjews Flanke zu erzielen, hätte die 1. Ukrainische Front im Rücken der Heeresgruppe Mitte nach Olmütz, Brünn und in Richtung Prag vorstoßen müssen.

Die größte Überraschung für die Deutschen war vermutlich die Tatsache, daß Konjew in allen seinen Bewegungen nicht die geringste Eile erkennen ließ. Seine größeren Panzerverbände blieben fast drei Wochen lang von der Front zurückgezogen und wurden offenbar aufgefrischt. Am 14. März bezogen die 4. Panzerarmee und die 21. Schützenarmee endlich neue Ausgangsstellungen bei Grottkau westlich von Oppeln. Unterdessen waren auch die 59. und 60. Schützenarmee im Oderbrückenkopf nördlich von Ratibor angriffsbereit. Östlich von Mährisch-Ostrau hatte die 4. Ukrainische Front, Konjews linker Nachbar, schon vor drei Tagen einen ersten Angriff geführt. Dem deutschen Oberkommando fiel es schwer, sich ein zutreffendes Bild von den Absichten des Gegners zu machen. Schukow hatte im Norden reinen Tisch gemacht und konnte nach einer Kehrtwendung offenbar innerhalb weniger Tage zur Fortsetzung der Offensive über die Oder antreten. Eine Offensive im Süden konnte unter diesen Umständen nur als Zeitvergeudung gelten, die mehr kostete, als sie wert war.

Trotzdem griff Konjew am 15. März südlich von Grottkau und westlich des Brückenkopfes im Norden von Ratibor an, während die 4. Ukrainische Front ihren Vorstoß nach Mährisch-Ostrau fortsetzte. Wegen ihrer drückenden materiellen Überlegenheit hatten Konjews Armeen von Anfang an die Oberhand. Am Nachmittag des 17. März schleuste die 4. Panzerarmee ein Panzerkorps durch eine Lücke in Schörners Front östlich der Neiße, das gemeinsam mit sowjetischen Panzerverbänden aus dem Brückenkopf Ratibor das deutsche LVI. Panzerkorps südwestlich von Oppeln einkesselte.

Daß der Oberbefehlshaber der 17. Armee, General Friedrich Schulz, vor die angreifenden sowjetischen Panzer geriet und bis fast zum Abend durchs schlesische Land gejagt wurde, begünstigte die deutsche Reaktion nicht gerade. Am 20. März mußte Schörner von der Oder südöstlich von Oppeln zurückgehen. Falls Konjews Auftrag eine Flankenbegradigung gewesen war, hatte er sein Ziel erreicht.

Die Deutschen nahmen jedoch an, der Hauptangriff beginne erst, als Konjew am 22. März nach Süden in Richtung Troppau einschwenkte, während die 4. Ukrainische Front nach Westen auf Ratibor zu vorstieß. An den folgenden Tagen verstärkten die Russen ihre beiden Stoßkeile, und bis zum 26. März hatte Konjew die gesamte 4. Panzerarmee aus dem Neiße-Abschnitt abgezogen. Am 30. März mußte Schörner Ratibor aufgeben, um einen Durchbruch nach Mährisch-Ostrau zu verhindern. Er meldete, die Russen seien offenbar entschlossen, an Troppau und Mährisch-Ostrau vorbei nach Mähren vorzustoßen. Aber am nächsten Tag unterbrach Konjew seine Offensive, wie er es im Februar an der Neiße getan hatte, ohne eines seiner offenkundigen Ziele erreicht zu haben.

Gegenschlag

Daß die Russen Berlin im März 1945 ignorierten, war Hitler nur recht – nicht nur, weil er auf diese Weise Zeit hatte, den Verteidigungsgürtel um Berlin auszubauen, sondern auch, weil er dadurch Gelegenheit hatte, einen Plan zu verwirklichen, mit dem er sich schon lange beschäftigte. Hitler machte sich Sorgen wegen der ungarischen Ölfelder und hatte die 6. SS-Panzerarmee nach Ungarn verlegt, um sie halten zu lassen. Aber er war kein Freund von Abwehrkämpfen. Er wollte einen Sieg, der die Welt aufhorchen lassen würde. Auch das schien Ungarn ihm zu bieten: eine Gelegenheit, dem Feind erneut seinen Willen aufzuzwingen. Berlin konnte warten. Sobald er die Russen hinter die Donau zurückgeworfen hatte, würde er sich ihnen auch an der Oder entgegenstemmen können.

Der Winter in Ungarn war schlimm gewesen – aber nicht im entferntesten so schlimm wie nördlich der Karpaten. In Budapest hatte ein deutsches Korps mehreren sowjetischen Armeen vom 25. Dezember 1944 bis zum 11. Februar 1945 standgehalten. Anfang Februar hielt die Heeresgruppe Süd eine fast stabile Front am Westrand eines durch Donau, Plattensee und Drau gebildeten Dreiecks. Am Nordende des Plattensees kam die deutsche Front bis auf 30 Kilometer an die Donau heran. Und in Jugoslawien hielt die Heeresgruppe E eine Front auf dem Südufer der Drau, die in östlicher Richtung fast bis zum Zusammenfluß von Drau und Donau reichte.

Am 17. Februar 1945, dem Tag, an dem der deutsche Gegenangriff bei Stargard östlich von Berlin scheiterte, vertrieb die Heeresgruppe Süd die Russen aus einem Brückenkopf am Gran, einem nördlichen Nebenfluß der Donau. Hitler gestattete Wöhler den Einsatz des I. SS-Panzerkorps gegen diesen Brückenkopf, der den Russen als Ausgangspunkt für einen Vorstoß auf dem nördlichen Donauufer in Richtung Wien hätte dienen können.

Auf diesen Erfolg reagierte Hitler wie gewohnt: Er verlangte noch mehr. Er hatte sich im Januar häufig mit dem Frontdreieck Donau-Plattensee-Drau befaßt, denn dort winkte eine Gelegenheit, die fast an frühere Blitzkriegszeiten erinnerte: Die Gelegenheit, Budapest zurückzuerobern, mehrere sowjetische Armeen zu zerschlagen, die Russen über die Donau zurückzuwerfen, das Ölfeld bei Nagykanizsa zu schützen und die gesamte Südflanke zu festigen. Das würde der Welt Respekt abnötigen. Danach konnte er sich in aller Ruhe der Verteidigung Berlins widmen. Konnte Wöhler diese hochgesteckten Ziele erreichen?

Am 21. Februar nachmittags besprach Wöhler sich mit General Hermann Balck, der die 6. Armee in dem Frontabschnitt zwischen dem Nordende des Plattensees und dem Donauknie nördlich von Budapest kommandierte, und dem Oberbefehlshaber der 6. SS-Panzerarmee, Dietrich. Dietrich und sein Stab waren vor einer Woche aus Berlin eingetroffen. Seine

Anwesenheit in Ungarn war noch immer so geheim, daß er selbst in Dienstschreiben nicht namentlich erwähnt, sondern nur als „Pionierführer Südost" bezeichnet wurde.

Als Ergebnis dieser Besprechung leitete Wöhler am nächsten Tag vier Vorschläge nach Berlin weiter. Den ersten, die Lösung A, lehnte er selbst als zu zeitraubend ab, obwohl diese Variante vom taktischen Standpunkt aus am günstigsten gewesen wäre. Sie setzte jedoch in der ersten Phase die Wiedereroberung des Gebiets zwischen Plattensee und Donau sowie die Zurückgewinnung von Budapest voraus; dann hätte als zweite Phase eine Umgruppierung und ein Vorstoß nach Süden bis zur Einmündung der Drau in die Donau folgen sollen.

Die Lösung B bestand aus einer verkürzten ersten Phase mit dem Aufbau einer Abwehrfront zwischen Velencei-See und Donau; die anschließende zweite Phase war mit A identisch. Die Lösung C umfaßte zwei Varianten. Beide sahen in der ersten Phase einen Vorstoß nach Süden vor und verlegten die Zurückeroberung von Budapest und des Gebiets nördlich davon in die zweite Phase. Der Unterschied lag im Ansatz des Hauptvorstoßes im Verhältnis zu dem Sarviz-Kanal, der das Gebiet zwischen Plattensee und Donau durchschneidet.

Die von Balck vorgeschlagene Lösung C 1 sah vor, den Hauptstoß zwischen dem Plattensee und dem Westufer des Kanals zu führen; C 2, eine von Wöhlers Stab ausgearbeitete Variante von C 1, verlegte den Hauptvorstoß aufs Ostufer des Kanals. Wöhler wies jedoch darauf hin, daß die Lösungen C 1 und C 2 den Nachteil hatten, die Nordflanke ungenügend geschützt zu lassen. Die Masse der sowjetischen Kräfte stand westlich von Budapest und konnte von dort aus leicht über die schmale Landbrücke zwischen den Seen vorstoßen, um den nach Süden gerichteten deutschen Angriffskeil an der Basis abzukneifen. Wöhler empfahl deshalb die Lösung B.

Am 25. Februar fuhr Wöhler nach Berlin. Der deutsche Nachrichtendienst rechnete damit, daß die Russen demnächst über die Oder hinweg angreifen würden, aber Hitler schien keinen Gedanken darauf zu verschwenden, während er sich mit den von Wöhler vorgeschlagenen Lösungen befaßte. Er war wieder der Feldherr, der Oberste Befehlshaber, der eigene Pläne schmiedete, anstatt nur auf feindliche Angriffe zu reagieren. Hitler konnte sogar vernünftig sein. Er war mit Wöhler der Auffassung, daß es am besten wäre, als erstes einen starken Flankenschutz im Norden aufzubauen. Er äußerte sich besorgt über das Fehlen ausreichender Infanteriekräfte bei der 6. SS-Panzerarmee. Und er war sich mit Wöhler darüber einig, daß die Lösung B die beste sei, weil C 1 und C 2 äußerst riskant seien. Schließlich entschied Hitler sich jedoch für die Lösung C 2. Ein Angriff im Südosten des Sarviz-Kanals bot seiner Meinung nach die beste Möglichkeit, rasch bedeutende Raumgewinne zu erzielen – und darauf kam es Hitler an.

Die Entscheidung war gefallen. Hitler bekam endlich, worauf er seit Jahresbeginn wartete: Gelegenheit zum Angriff. Diese Entscheidung hatte verblüffende Ähnlichkeit mit einer vor fast zwei Jahren getroffenen zur Auslösung des Unternehmens „Zitadelle“ im

Kursk-Bogen in Südrußland, der letzten deutschen Offensive im Osten. Auch dort hatte der Feinddruck nach einem katastrophalen Winter plötzlich nachgelassen, so daß Hitler unverbrauchte Reserven zur Verfügung gehabt hatte. Damals hatte er erklärt, eine Feuersbrunst entzünden zu wollen, die auf der ganzen Welt zu sehen sei, und das war ihm auch gelungen – die Feuersbrunst hatte die gesamte deutsche Südflanke vernichtet und ihn endgültig die Initiative in Rußland gekostet.

Die deutschen Kommandostellen spielten ihre Rollen jetzt mit schlafwandlerischer Unbekümmertheit. Niemand protestierte gegen die Sinnlosigkeit einer Großoffensive, mit der lediglich ein Raumgewinn erzielt werden sollte, der aller Voraussicht nach nicht verteidigt werden konnte. Intern stellte die Operationsabteilung im OKW die Frage, ob es angesichts der Deutschland an allen Fronten drohenden Gefahren zu verantworten sei, die 6. SS-Panzerarmee bis Mitte April oder noch länger in Ungarn einzusetzen. Sie schien Hitlers Entschluß zu einer Offensive in Ungarn jedoch als unabänderlich anzusehen und schlug ihrerseits eine weniger umfangreiche Offensive vor, die wahrscheinlich nur einen gewissen Zeitgewinn gebracht hätte. Aber diese Ausarbeitung wurde Hitler nie vorgelegt.

In den letzten Februartagen bereitete Wöhler die Offensive vor, die den Decknamen „Frühlingserwachen“ erhalten hatte. Dietrich sollte das II. SS-Panzerkorps, das stärkere seiner Korps, östlich des Sarviz-Kanals zum Vorstoß nach Südosten einsetzen. Links von ihm würde das III. Panzerkorps aus Balcks

6. Armee am Südufer des Velencei-Sees nach Nordwesten angreifen, um für Flankenschutz zu sorgen. Rechts von ihm würde Dietrichs zweites Korps, das I. SS-Panzerkorps, mit Unterstützung des I. Kavalleriekorps westlich des Sarviz-Kanals nach Südosten vorstoßen. Zwischen Plattensee und Drau sollte die 2. Panzerarmee genau nach Osten angreifen.

Die Russen merkten, was auf sie zukam, und erkannten, welche Gelegenheit sich ihnen hier bot. Sie verzichteten auf einen entlang der Donau geplanten Vormarsch nach Wien und verlegten Frontverbände, darunter auch die schlagkräftige 6. Garde-Panzerarmee, zur 3. Ukrainischen Front, die unter Befehl von Generaloberst F.I. Tolbuchin auf dem westlichen Donauufer stand. Dort konnten sie den deutschen Angriff abwehren, falls er nach Nordosten in Richtung Budapest zielte, oder seitlich einengen, falls er nach Südosten ging. Zwischen Plattensee und Donau legte die Rote Armee ein dichtes Stellungssystem mit weiten Minenfeldern und starken Pakverbänden an. Um die von der 6. SS-Panzerarmee erstmals an die Ostfront gebrachten Panzer des Typs Königstiger abwehren zu können, brachten die Russen schwere Artillerie in Stellung. Und um Nachschub und Munition über die Donau zu transportieren, legten sie eine Straße und eine Treibstoffleitung übers Eis und bauten bei Baja eine Seilbahn mit einer Tagesleistung von 600 Tonnen.

Unmittelbar vor „Frühlingserwachen" herrschte das schlimmste nur vorstellbare Wetter. Schweren Schneefällen Ende Februar folgte plötzlich Tauwetter, das alle unbefestigten Straßen in Schlammwüsten

Das brennende Berliner Schloß

Wer zu desertieren versuchte, wurde standrechtlich erschossen

verwandelte. Selbst die Infanterie kam nur noch mühsam voran, so daß Wöhler an der Einhaltung des ursprünglichen Zeitplans zu zweifeln begann. Die Panzer konnten nicht im Schutz der Dunkelheit marschieren. Versuchten sie es trotzdem, blieben sie stekken und konnten erst bei Tagesanbruch herausgezogen werden.

Am 5. März schlug das Wetter um: Jetzt behinderte ein Schneesturm die Panzer noch mehr, und Wöhler überlegte, ob er den Angriff um einen Tag verschieben sollte. Die Entscheidung für die Beibehaltung des ursprünglichen Zeitplans fiel erst um 22 Uhr, als Dietrich meldete, er sei „im wesentlichen" bereit und könne morgens angreifen.

In den ersten Stunden des 6. März überschritt das XCI. Korps die Drau und besetzte Brückenköpfe bei Donji Miholjac und Valpovo. Bei Tagesanbruch griff die 2. Panzerarmee in Richtung Kaposvar an, aber im entscheidenden Abschnitt der 6. SS-Panzerarmee trat morgens nur das I. SS-Panzerkorps westlich des Sarviz-Kanals zum Angriff an. Das II. SS-Panzerkorps verschob seinen Angriff zunächst auf den Nachmittag – und dann auf den nächsten Morgen. Das Wetter war warm, der Schnee schmolz, abseits der Straßen war der Schlamm tief. Die Straßen selbst waren vermint und lagen im Feuer sowjetischer Pak. Der deutsche Nachrichtendienst meldete Hitler, der erste Angriffstag habe gezeigt, daß die Russen die Offensive offenbar erwartet hätten.

Schon am zweiten Tag warnte Dietrich Wöhler davor, einen raschen Durchbruch der Panzer zu erwarten. Er meldete, die Straßenverhältnisse seien so schlecht, daß er sich auf die Infanterie verlassen müsse. Von Berlin aus wurde Wöhler von Guderian, dem es vor allem darum ging, die 6. SS-Panzerarmee aus Ungarn abziehen zu können, bedrängt, das Unternehmen „Frühlingserwachen" so rasch wie möglich abzuschließen. „Gerade jetzt", sagte er, „ist Schnelligkeit Trumpf."

Am 7. und 8. März durchstieß das I. SS-Panzerkorps mehrere russische Verteidigungslinien westlich des Sarviz-Kanals und erzielte etwa 30 Kilometer Raumgewinn. Diese und die beiden nächsten Tage waren die kritischste Zeit für die Russen. Tolbuchin warf die zur zweiten Welle gehörende 27. Schützenarmee und fast alle seine Reserven in den Kampf – drei Schützenkorps, ein Panzerkorps, ein Schnelles Korps und ein Garde-Kavalleriekorps. Am 9. März forderte er die strategische Reserve an – die vor kurzem vorsichtshalber nach Kescskemét verlegte 9. Garde-Schützenarmee –, aber die *Stawka* hatte unterdessen beschlossen, Tolbuchin müsse mit den ihm zur Verfügung stehenden Kräften auskommen. Die 9. Garde-Schützenarmee wurde für einen Gegenangriff zurückgehalten.

Am 10. März erreichte das I. SS-Panzerkorps bei Schneeregen den Sio-Kanal, das erste Wasserhindernis in seiner Angriffsrichtung. In der folgenden Nacht eroberte es zwei Brückenköpfe südlich des Kanals, aber die deutschen Hoffnungen schwanden unterdessen bereits dahin. Wöhler meldete, der bisherige Verlauf der Kämpfe zeige, daß die Russen die deutschen Angriffsabsichten richtig erkannt hätten und „Gegenmaßnahmen entsprechenden Umfanges ergriffen". Zwei Tage später, nach sechstägigen Kämpfen, war das II. SS-Panzerkorps noch keine zehn Kilometer vorangekommen. Daraus schloß Wöhler, daß das Korps sich hoffnungslos festgelaufen hatte, wenn es nicht irgendwie gelang, es durch Verstärkungen schlagkräftiger zu machen.

Am nächsten Tag, dem 13. März, ging Tolbuchin auf beiden Seiten des Sarviz-Kanals zum Gegenangriff über, und Wöhler sagte voraus, daß „Frühlingserwachen" bald überall liegenbleiben werde. Im Süden erzielte die 2. Panzerarmee Geländegewinne, die jedoch nicht spektakulär waren. Im Südteil des Angriffsraums der 6. SS-Panzerarmee mußte das I. SS-Panzerkorps, das am weitesten vorgestoßen war, die schwersten sowjetischen Gegenangriffe abwehren. Dazu kam, daß das Gelände südlich des Sio-Kanals noch ungeeigneter für Panzer war und daß die Flanke des I. SS-Panzerkorps gefährlich ungeschützt sein würde. Deshalb schlug Wöhler Hitler vor, das I. SS-Panzerkorps zurückzuziehen, um es gemeinsam mit dem II. SS-Panzerkorps nach Osten bis zur Donau vorstoßen zu lassen, wo die beiden Korps dann zwischen Fluß und Sarviz-Kanal nach Süden eindrehen konnten. Während seiner Ferngespräche mit Hitler muß Wöhler den Verdacht gehegt haben, das Unternehmen „Frühlingserwachen" habe so gut wie keine Erfolgsaussichten mehr. Er beobachtete seit einigen Tagen mit zunehmender Nervosität die sowjetischen Truppenverschiebungen nördlich des Velencei-Sees. Am 14. März meldete er: „Heute besteht kein Zweifel mehr daran, daß die Russen einen operativen Gegenangriff vorbereiten. Die ersten eindeutigen Anzeichen sind gestern im Raum Stuhlweißenburg-Zamoly entdeckt worden. Mindestens 3000 Fahrzeuge haben Budapest verlassen, um in Richtung Plattensee im Rücken der deutschen Kräfte anzugreifen."

Wöhler sagte, er werde die Offensive wie geplant fortsetzen, aber er fügte beiläufig hinzu, sobald das I. SS-Panzerkorps sich vom Sio-Kanal löse, werde es vermutlich das IV. SS-Panzerkorps an dessen Front nordwestlich des Velencei-Sees unterstützen müssen. Als Hitler das hörte, weigerte er sich, überhaupt einer Verlegung des I. SS-Panzerkorps zuzustimmen, weil es dadurch nur Gefahr laufe, als Hilfstruppe für das IV. SS-Panzerkorps verwendet zu werden. Wöhler und Guderian, der erneut betonte, ihm gehe es vor allem darum, das Unternehmen rasch zu beenden, versicherten Hitler, daran sei nicht gedacht, aber Hitler verweigerte seine Zustimmung bis zum 15. März um 23 Uhr. Als er dann widerstrebend zustimmte, war seine Entscheidung längst überholt.

Am Nachmittag des 16. März eröffnete Tolbuchin die sowjetische Gegenoffensive in dem Frontabschnitt nördlich des Velencei-Sees. Bei Schnee und Nebel führte er den ersten Angriff ohne Panzer oder Unterstützung aus der Luft. Das IV. SS-Panzerkorps hielt seine Stellungen, aber die ungarische 3. Armee brach weiter nördlich zusammen, und am nächsten Tag stießen die Russen durch das Vértesgebirge vor. Am 18. März ließ Wöhler das Unternehmen „Frühlingserwachen" zumindest „vorerst" einstellen. Als der ungarische Widerstand im Laufe dieses Tages völlig zusammenbrach, wies er Dietrich an, seine 6. SS-Panzerarmee in dem Raum zwischen den Seen abzuziehen und nach Norden in das bisher von den Ungarn gehaltene Gebiet zu verlegen. Sonst hätten die Russen jenseits des Berglandes ungehindert bis nach Wien weiterrollen können. Die letzten Einheiten der 6. SS-Panzerarmee passierten die Landbrücke zwischen den Seen gerade noch rechtzeitig, bevor die 6. Garde-Panzerarmee am 20. März von Norden her zum Plattensee vorstieß. Balcks 6. Armee, deren Masse noch östlich des Sees stand, hatte weniger Glück: Sie mußte sich eineinhalb Tage lang zwischen den Russen und dem Seeufer durchkämpfen.

Am 23. März wies die *Stawka* Tolbuchin an, die Offensive in Richtung Wien fortzusetzen. Die deutsche Südflanke war völlig aus den Fugen geraten. Die 6. SS-Panzerarmee, deren Kommandeure von Dietrich abwärts nur Erfahrung mit der Ausführung sorgfältig geplanter Unternehmungen hatten, wußte kaum noch, wo ihre Einheiten standen, und zeigte sich außerstande, eine Front vor dem ständig nachdrängenden Gegner zu improvisieren. Die 6. Armee stand westlich des Plattensees; sie war einer Einschließung entgangen, aber niemand konnte dafür garantieren, daß sie nicht demnächst wieder eingekesselt sein würde.

Balck erstattete einen bedrohlich klingenden Bericht, in dem er feststellte, die Truppe kämpfe nicht mehr richtig. Manche Soldaten sagten, der Krieg sei ohnehin verloren, und sie wollten nicht zuletzt noch sterben. Alle fürchteten sich davor, eingekesselt zu werden, und das schwindende Selbstvertrauen mache sich sogar schon in höheren Stäben bemerkbar.

Eisenhower hat die Wahl

Die sowjetische Entscheidung, im Februar 1945 an der Oder stehenzubleiben, war das wichtigste strategische Ereignis der letzten Kriegsmonate und eines der bedeutsamsten des ganzen Krieges. Wäre sie nicht getroffen worden und hätten die Russen ihren Vormarsch über die Oder hinweg fortgesetzt, wie ihn die *Stawka* ursprünglich geplant und Schukow ihn empfohlen hatte, hätte der Krieg höchstwahrscheinlich ganz anders geendet und unberechenbar andere Folgen für Deutschland und Europa gehabt. Durch ihr Zögern an der Oder erreichten die Russen, daß der Krieg ein überraschendes Ende nahm, das niemanden mehr überraschte als sie selbst.

Während Schukows und Konjews Armeen im Januar durch Polen nach Westen fegten, waren Eisenhowers Kräfte damit beschäftigt, den 130 Kilometer tiefen Einbruch zu beseitigen, der durch die deutsche Ardennen-Offensive im Dezember in ihrer Front entstanden war. Ende Januar standen die Russen bei Küstrin 65 Kilometer vor Berlin, und die Amerikaner hatten die am 16. Dezember 1944 gehaltene Linie wieder erreicht. Mit Ausnahme einer 80 Kilometer breiten Einbruchstelle östlich von Aachen hatten die Engländer und Amerikaner den deutschen Westwall noch an keiner Stelle durchbrochen. Im Raum östlich von Aachen bildete die Rur auf ihre Weise ein schwierigeres Hindernis als die nur halb fertiggestellten Befestigungen des Westwalls. Flußaufwärts waren die Rur und ihr kleinerer Nebenfluß Urft in mehreren Stauseen aufgestaut, deren Inhalt genügte, um die Rur schlagartig steigen zu lassen, sobald die Deutschen, die die Talsperren noch besetzt hielten, beschlossen, die Schleusen zu öffnen. Hitler würde den Westwall und das Rurtal nicht freiwillig räumen, und dahinter lag der Rhein, das bedeutendste Wasserhindernis Deutschlands.

In den Planungen der westlichen Alliierten hatte Berlin stets eine irrlichternde Rolle gespielt. Auch im Januar 1945 hatte sich an dieser Tatsache nichts geändert. Berlin war ein wichtiges militärisches Ziel und wahrscheinlich der psychologisch ideale Kulminationspunkt des Feldzugs gegen Hitlerdeutschland, aber die Stadt hatte – mit Ausnahme einer kurzen Periode im September 1944 – stets so entfernt gewirkt und war immer als so sichere Beute der Russen erschienen, daß es überflüssig gewesen war, sich mit konkreten Plänen zu ihrer Eroberung zu befassen. Solange die Russen jedoch nicht in Berlin waren, mußten alle Planungen von SHAEF jedoch auch Berlin mit einbeziehen, wenn die Zuständigen die deutsche Reichshauptstadt nicht bewußt ausschließen wollten. Die letzte Schlacht brauchte nicht in Berlin geschlagen zu werden – aber sie konnte bestimmt nicht geschlagen werden, solange Berlin nicht erobert war.

Im Januar 1945 war Berlin deshalb für die Engländer und Amerikaner ein zu entferntes und zu offenkundiges Ziel, als daß man darüber viel hätte diskutieren müssen. Die große Frage war nicht, ob die

Westmächte nach Berlin vorstoßen sollten, sondern wie sie dorthin gelangen konnten. Montgomery äußerte sich seit Monaten kritisch über Eisenhowers Weigerung im Spätsommer und Herbst 1944, seine Kräfte auf einen Vorstoß quer durch Norddeutschland in Richtung Berlin zu konzentrieren. Im Winter fand Montgomerys Kritik ein Echo bei den englischen Stabschefs, die ihre Sorgen bei einer viertägigen Besprechung mit ihren amerikanischen Kollegen (vom 30. Januar bis 2. Februar 1945 auf Malta) vorbrachten. Die amerikanischen Vereinigten Stabschefs betonten – wie schon Eisenhower vor ihnen –, daß der Hauptvorstoß von Montgomerys 21. Heeresgruppe durch die norddeutsche Tiefebene geführt werden solle. Aber sie betonten auch, was wieder Eisenhowers Auffassung entsprach, daß zuerst das Rheinland besetzt und ein kräftiger zweiter Stoß nach Deutschland hinein geführt werden müsse. Falls es zu einem Wettrennen nach Berlin kommen sollte, würde Eisenhower sich erst daran beteiligen, wenn er das Ruhrgebiet besetzt hatte.

Tatsächlich legten weder Montgomery noch die englischen Stabschefs allzu großen Wert auf einen Vorstoß nach Berlin, das mehr denn je eine sichere Beute der Russen zu werden schien. Ihre Einwände betrafen eher die Angriffsart als die Angriffsziele. Sie wollten sichergehen, daß Eisenhower nicht wieder seine Kräfte durch einen Angriff auf breiter Front zersplitterte, wie er es ihrer Meinung nach im Herbst 1944 getan hatte. Aber es ging ihnen in erster Linie darum, die Marinestützpunkte an der deutschen Nordseeküste vor den Russen zu erreichen.

Die Schlacht ums Rheinland begann am 8. Februar 1945 im Norden an den Zugängen zum Ruhrgebiet. Am nächsten Tag spielten die Deutschen ihren Trumpf aus und sprengten die Schleusentore der größten Rurtalsperre, so daß der Fluß Hochwasser führte. Am 10. Februar sprengten sie die weiter stromaufwärts an Rur und Urft gelegenen Talsperren. Daraufhin stieg die Rur pro Stunde etwa einen halben Meter und führte bis zu ihrer Einmündung in die Meuse zwei Wochen lang Hochwasser. In diesem Zeitraum lastete das Hauptgewicht des Kampfes auf Montgomerys englischer 2. Armee und kanadischer 1. Armee, die in dem Abschnitt zwischen Meuse und Waal östlich von Nimwegen operierten. Die amerikanische 9. und 1. Armee, die weiter südlich angreifen sollten, konnten nur abwarten, bis das Hochwasser sich verlaufen hatte. In diesen zwei Wochen ging die strategische Initiative in Deutschland jedoch auf die westlichen Alliierten über, ohne daß sie es gleich merkten. Am 17. Februar gaben die Russen ihren geplanten Vorstoß über Oder und Neiße auf, und einige Tage später setzte Hitler seine strategische Reserve, die 6. SS-Panzerarmee, unwiderruflich in Ungarn ein.

Als das Hochwasser in der dritten Februarwoche zurückging, schwanden auch Hitlers Aussichten auf eine Verteidigung des Rheinlandes oder auch nur der Rheinlinie. Indem er die zweiwöchige Kampfpause nicht für die Zurücknahme der deutschen Truppen hinter den Rhein nützte, zwang er sie dazu, mit letzter Kraft eine viel schwächere Front zu verteidigen.

Am 23. Februar überschritten die amerikanische 9. und 1. Armee die Rur. Innerhalb weniger Tage kam der Vormarsch zum Rhein auf breiter Front in Gang, als die amerikanische 3. und 7. Armee und die französische 1. Armee in die Eifel, das Saargebiet und die Pfalz einzumarschieren begannen. Hitlers Oberbefehlshaber West, Generalfeldmarschall Gerd von Rundstedt, hatte den Auftrag, dort zu kämpfen, wo er stand, denn Hitler war der Überzeugung, durch einen Rückzug werde die Katastrophe lediglich an einen anderen Ort verlagert. Seit zwei Jahren handelte Hitler im Osten nach der Maxime „Keinen Schritt zurück!" – und nun versuchte er es auch im Westen damit. Das Ergebnis war das gleiche: Rundstedts Divisionen wurden zerschlagen. Im Kampf um das Rheinland verloren die Deutschen allein 290000 Mann, die in alliierte Gefangenschaft gerieten.

Am Abend des 2. März erreichte die erste amerikanische Panzerspitze den Rhein gegenüber von Düsseldorf gerade rechtzeitig, um die Sprengung der dortigen Rheinbrücke, die sie hatte nehmen wollen, aus nächster Nähe mitzuerleben. In den nächsten vier Tagen wurden unterhalb von Koblenz ein Dutzend weitere Rheinbrücken gesprengt, bevor die Amerikaner sie erreichten. Ohne Brücken stellt der Niederrhein ein schwer zu überwindendes natürliches Hinternis dar; sind die Brücken jedoch benutzbar, ist er ein Fluß wie jeder andere.

Am Nachmittag des 7. März erreichten die Spitzen der amerikanischen 9. Panzerdivision aus der Eifel kommend Remagen, ein 20 Kilometer flußaufwärts von Bonn gelegenes linksrheinisches Städtchen. Zu diesem Zeitpunkt rechnete niemand mehr damit, daß irgendwo am Rhein noch eine Brücke stehen würde, aber hier gab es eine: die völlig intakte Ludendorff-Eisenbahnbrücke, die von einigen Pionieren und Volkssturmmännern verteidigt wurde. Als die Amerikaner zur Brücke und aufs andere Ufer rasten, gingen zwei kleinere Sprengladungen hoch, aber die Hauptsprengladung zündete nicht, und bei Einbruch der Dunkelheit besaßen die Amerikaner eine Rheinbrücke.

Hitler befahl wütend einen Gegenangriff, aber in seiner Entschlossenheit, das westliche Rheinufer zu halten, hatte er die Verteidigung des Ostufers bewußt vernachlässigt. Die nächste deutsche Division war die 11. Panzergrenadierdivision in Bonn, die erst genügend Sprit für den Angriff auf den amerikanischen Brückenkopf auftreiben mußte. Als die 11. Panzergrenadierdivision endlich am 9. März anrückte, hatte die amerikanische 1. Armee bereits drei Divisionen rechts des Rheins und baute ihren Brückenkopf mit Hochdruck weiter aus. Am 11. März entsandte die deutsche Luftwaffe 20 Maschinen, eine angesichts ihrer minimalen Treibstoffreserven imponierende Anzahl, um die Remagener Eisenbahnbrücke bombardieren zu lassen. Sie erzielten drei Treffer bei fünf eigenen Verlusten. Unterdessen war die Brücke, die schließlich durch deutsches Artilleriefeuer zerstört wurde, nicht mehr wichtig: Amerikanische Pioniere hatten sie durch drei Pontonbrücken nebeneinander ergänzt.

Durch die Eroberung der Brücke von Remagen waren alle Beteiligten zum Umdenken gezwungen – nur die Russen nicht. Vier Tage nachdem die Amerikaner den Rhein überschritten hatten, löste Hitler Rundstedt „aus Altersgründen“ und mit der inzwischen üblich gewordenen Versicherung seiner Wertschätzung und Hochachtung als Oberbefehlshaber West ab. Als seinen Nachfolger berief er Generalfeldmarschall Albert Kesselring, einen Luftwaffenoffizier, aus Italien ab. Am 15. März erhielt die Heeresgruppe Weichsel von Hitler den Befehl, sich auf Kämpfe östlich von Berlin vorzubereiten. Ob diese Anweisung tatsächlich auf einer von Hitler behaupteten Intuition oder auf der eigentlich nur logischen Schlußfolgerung basierte, daß die Überschreitung des Rheins durch die westlichen Alliierten die Russen zu einem Generalangriff über die Oder hinweg veranlassen würde, läßt sich nachträglich nicht mehr feststellen. Jedenfalls täuschte Hitler sich. Die Russen ignorierten die Ereignisse im Westen. Am 14. März begann Konjew die eigenartige Operation in Oberschlesien, die ihn für den Rest des Monats beschäftigen sollte.

Für Eisenhower war die Brücke bei Remagen ein Geschenk des Himmels, das ihn jedoch etwas in Verlegenheit brachte. Der im Winter von Amerikanern und Engländern genau ausgearbeitete Operationsplan sah vor, daß Montgomery den Hauptstoß nördlich des Ruhrgebiets führen würde. Für den zweiten Stoß von Bradleys Heeresgruppe sollten nur Truppen und Nachschubmengen eingesetzt werden, die zu entbehren waren, ohne Montgomerys Offensive zu gefährden – und Montgomery mußte den Rhein erst überschreiten. Außerdem sollte die Nebenoffensive nicht bei Remagen, sondern etwa 100 Kilometer weiter südlich bei Mainz beginnen. Wenn die Remagener Brücke aus Eisenhowers Sicht als alliierter Oberbefehlshaber ein Störfaktor war, der Meinungsverschiedenheiten im eigenen Lager auslösen konnte, hatte sie nach Ansicht der ihm unterstellten amerikanischen Generale lediglich den Fehler, die bisherigen Planungen nicht nachdrücklich genug zu stören. In der dritten Märzwoche forderte Bradley Patton dazu auf, „den Rhein im Sprung zu überqueren“. Genau das tat Patton am Abend des 22. März, als er den Fluß südlich von Mainz überschritt.

Zwei Tage später überquerte Montgomery den Rhein. In seinem Frontabschnitt war der Fluß doppelt so breit wie bei Mainz, aber die deutsche Gegenwehr war schwach, weil die meisten Reserven ins Gebiet des amerikanischen Brückenkopfes bei Remagen abgezogen worden waren. Am Ende des ersten Angriffstages besaß Montgomery einen zehn Kilometer tiefen Brückenkopf. Seine beiden Armeen und die ihm unterstellte amerikanische 9. Armee überquerten den Rhein wie bei Manövern im Frieden, und die Pioniere begannen, ein Dutzend Pontonbrücken zu bauen. Aber südlich des Ruhrgebiets hatte General Courtney H. Hodges an diesem Tag bereits seine ganze amerikanische 1. Armee über den Rhein geschafft und hielt einen Brückenkopf, der sich von Bonn bis Koblenz erstreckte. Am nächsten Tag stieß Hodges nach Osten vor, um sich mit Patton zu vereinigen, der östlich von Frankfurt nach Norden über den Main vordrang. Kesselring konnte sie nicht daran hindern. Am 28. März vereinigten sich die beiden Armeen östlich von Gießen und stießen gemeinsam nach Norden vor, um das Ruhrgebiet von Osten abzuschneiden.

Eisenhower hatte das Ruhrgebiet stets als sehr wichtiges Angriffsziel betrachtet. Er durfte diese Chance, es zu nehmen, nicht ungenützt lassen, zumal sich ihm gleichzeitig die Gelegenheit bot, Generalfeldmarschall Walter Models gesamte Heeresgruppe B einzukesseln und zu vernichten. Am 28. März teilte Eisenhower Montgomery mit, die 9. Armee bleibe vorerst der 21. Heeresgruppe unterstellt, werde aber zur Schließung des Ruhrkessels später von Norden her eingesetzt. Montgomery sollte nach wie vor durch Norddeutschland vorstoßen – aber ohne die amerikanische 9. Armee. In Zukunft würde der Schwerpunkt der Offensive in der Mitte – bei Bradleys drei Armeen – liegen.

Mit anderen Worten: Der in den Wintermonaten so sorgfältig ausgearbeitete Plan war nur noch Makulatur. An seine Stelle setzte Eisenhower etwas, das den westlichen Alliierten bisher gefehlt hatte – einen zusammenhängenden Plan für die Beendigung des Krieges gegen Deutschland. Dadurch löste er eine heftige Debatte aus, die in der kurzen Zeit bis Kriegsende nicht mehr abgeschlossen werden konnte, sondern bis weit in die Nachkriegszeit hinein nachwirkte und seither als der große Streitpunkt des Zweiten Weltkrieges fortbesteht. Im wesentlichen geht es dabei um die Frage, ob die sich abzeichnende politisch-weltanschauliche Gegnerschaft zwischen den Westmächten und der Sowjetunion bei den alliierten Überlegungen zur militärischen Beendigung des Krieges gegen Deutschland nicht eine entscheidende oder zumindest gleichwertige Rolle hätten spielen sollen. Speziell ging es dabei um Berlin.

Hitlers Kriegsführung stellte seine Gegner in Ost und West vor das lästige Problem, den Krieg irgendwie möglichst rasch und ohne größere Verluste zu beenden, während Hitler bereit war, eine Niederlage nach der anderen einzustecken, und es schaffte, seine Armeen immer wieder zum Durchhalten anzustacheln. Berlin war stets ein wichtiges Angriffsziel gewesen: als Reichshauptstadt und Mittelpunkt eines Industriegebiets, das nach dem Ruhrgebiet und Oberschlesien an dritter Stelle stand.

Für die westlichen Alliierten verlor Berlin seine militärische Bedeutung Ende Januar 1945. Die Russen standen so dicht vor der Reichshauptstadt, daß sie sie praktisch jederzeit nehmen konnten, und als die Russen diese Linie erreicht hatten, war anzunehmen, daß selbst die Einnahme Berlins die Deutschen nicht zur Kapitulation bewegen würde. Ende März hatte Eisenhower jedoch ein letztes Angriffsziel entdeckt: die deutsche „Alpenfestung". Sie war selbstverständlich nur eine Fiktion, eine Illusion als Ergebnis des Versuchs, Hitlers grundlegende Irrationalität rational zu analysieren.

Wie sollte man die deutsche Offensive am Plattensee oder die Verbissenheit, mit der die Deutschen sich in Italien und der Tschechoslowakei verteidigten, während der Gegner bereits auf deutschem Boden stand, anders erklären, als daß Hitler entschlossen war, sich zuletzt in eine Festung in den Alpen zurückzuziehen? Vielleicht verfügte er sogar über einige neue, bisher unbekannte Waffen. Sein Gerede von Geheimwaffen war größtenteils Gerede geblieben, aber die Deutschen hatten die Welt mit der V-1 und der V-2 und in den letzten Monaten mit Raketen- und Düsenjägern verblüfft. Möglicherweise gab es noch sensationellere Neuentwicklungen. Vier Wochen später fragte sich jeder, wie er das Gerede von einer Alpenfestung jemals habe ernst nehmen können, aber Ende März 1945 bildeten Süddeutschland, Norditalien, Österreich und die westliche Tschechoslowakei ein in deutscher Hand befindliches zusammenhängendes Gebiet. Falls Hitler den Krieg wie bisher weiterführte, würde es eines Tages erobert werden müssen. Aus Vernunftsgründen war eine möglichst frühzeitige Besetzung dieses Gebiets geboten, und Eisenhower war in erster Linie ein vernünftiger General.

Am 28. März gab Eisenhower seine geänderten Absichten den englischen und amerikanischen Stabschefs und den Russen – in einem Telegramm an „Marschall Stalin persönlich" – bekannt. In dem Telegramm an Stalin führte Eisenhower aus, er habe die Absicht, seine Truppen, die jetzt den Ruhrkessel bildeten, östlich des Ruhrgebiets bei Kassel zur Fortsetzung des Angriffs nach Osten antreten zu lassen, wobei das Zusammentreffen mit den Russen nicht in Berlin, sondern südlicher im Raum Dresden-Leipzig geplant sei. Sobald es die Lage gestatte, werde ein zweiter Angriffskeil nach Südosten vorstoßen, um an der Donau – vermutlich zwischen Regensburg und Linz – mit den Russen zusammenzutreffen und die Deutschen daran zu hindern, sich in Süddeutschland festzusetzen.

Die erste Reaktion kam aus London – und sehr prompt. Schon am 29. März drängten die englischen Stabschefs bei ihren amerikanischen Kollegen darauf, das Telegramm an Stalin zurückzuhalten, bis es von den anglo-amerikanischen Stabschefs begutachtet und wohl auch redigiert worden sei. Als dieser Appell wirkungslos blieb, unterrichtete Churchill Roosevelt direkt über die englischen Einwände gegen Eisenhowers Vorhaben. Eisenhowers Plan laufe auf eine so gefährliche Schwächung von Montgomerys Offensive im Norden hinaus, protestierte Churchill, daß sie wahrscheinlich kaum die Elbe erreichen werde. Was die Ausklammerung Berlins als Angriffsziel für die Westalliierten betraf, brachte Churchill das damals – und vermutlich noch heute – klügste Argument für einen Versuch der Alliierten vor, Berlin vor den Russen zu erreichen.

„Die Russen", schrieb er, „werden zweifellos ganz Österreich überrennen und in Wien einmarschieren. Ist für den Fall, daß sie auch Berlin einnehmen, nicht zu befürchten, daß ihr Eindruck, den weitaus größten Teil zu unserem gemeinsamen Sieg beigetragen zu haben, sich ungerechtfertigterweise in ihren Köpfen festsetzt, und kann sie das nicht in eine Stimmung versetzen, die in Zukunft große und ernsthafte Schwierigkeiten hervorrufen wird?"

Der amerikanische Präsident unterstützte Eisenhowers Auffassung mit etwa der gleichen Begründung, die die Vereinigten Stabschefs ihren englischen Kollegen gegeben hatten: „Der Frontkommandeur kann am besten beurteilen, welche Maßnahmen am ehesten geeignet sind, die deutschen Armeen oder ihre Widerstandskraft zu vernichten." Eisenhower, den die heftige englische Reaktion verblüfft zu haben schien, beeilte sich, dem Premierminister zu versichern, daß Montgomery auf amerikanische Unterstützung zählen könne, sobald die Elbe erreicht sei, so daß er mindestens bis Lübeck an der Ostsee vorstoßen könne. Eisenhower fügte hinzu, falls Berlin doch noch von den westlichen Alliierten erobert werden sollte, würden sich Engländer und Amerikaner diesen Sieg teilen. Trotzdem stand die Entscheidung fest und wurde nicht mehr geändert. Aber die Diskussion ging weiter, obwohl Churchill sie vorerst mit dem Zitat *„Amantium irae amoris integratio est“* (Streit unter Liebenden ist ein Teil der Liebe)“ vorläufig zum Abschluß brachte.

Stalins Entscheidung

Am Abend des 31. März übergaben die SHAEF-Verbindungsoffiziere in Moskau Stalin Eisenhowers Telegramm, in dem er seine weiteren Absichten erläuterte. In den seither verstrichenen zwei Tagen hatte die amerikanische 1. und 9. Armee den Ruhrkessel praktisch geschlossen. Rund 300 000 deutsche Soldaten befanden sich in diesem Kessel, der mit 100 mal 150 Kilometern zu den größten Kesseln des Zweiten Weltkrieges gehörte und das gesamte Ruhrgebiet umfaßte. Hitler hatte inzwischen erkannt, daß der Krieg in seine Endphase getreten war, und die sogenannten Westgoten- und Ostgoten-Aufstellungen befohlen: den Fronteinsatz aller deutschen Lehrtruppen und Ausbildungseinheiten.

Stalin, der ungewöhnlich schnell schon am 1. April auf Eisenhowers Telegramm antwortete, erklärte sich mit dem Vorschlag einverstanden, daß die Truppen der Westalliierten und der Sowjetunion sich in den Räumen Dresden-Leipzig und Regensburg-Linz treffen sollten. Er fügte hinzu, Berlin habe seine frühere Bedeutung verloren, und das sowjetische Oberkommando habe lediglich vor, es von schwächeren Kräften angreifen zu lassen. Stalin teilte mit, die sowjetische Offensive werde voraussichtlich in der zweiten Maihälfte fortgesetzt werden.

Eisenhower hatte Stalin lediglich über seine weiteren Absichten informiert, um eine Einigung über die Räume herbeizuführen, in denen seine Truppen mit der Roten Armee zusammentreffen würden. Obwohl die Russen seine Verbündeten waren, wußte Eisenhower aus Erfahrung, daß direkte Koordinierungsversuche mit ihren Frontkommandeuren praktisch unmöglich waren, und fürchtete Auseinandersetzungen, falls die jeweiligen Bereiche nicht zuvor auf höchster Ebene abgegrenzt wurden. Im Luftkrieg hatte es bereits einige kleine Zwischenfälle gegeben. An Stalins Antwort interessierte ihn deshalb vor allem die Tatsache, daß damit ein schwerwiegendes technisches Problem gelöst zu sein schien.

Aber die englischen Stabschefs waren anderer Meinung. Ihrer Ansicht nach warf Stalins Antwort erneut die Frage nach der Richtigkeit von Eisenhowers Entscheidung auf. Sie glaubten Stalins Erklärung nicht mehr, als sie sich von Eisenhowers Annahme, Berlin habe seine Bedeutung als wichtigstes strategisches Ziel eingebüßt, hatten überzeugen lassen. Wahrscheinlich bewirkte Stalins Hinweis auf Berlin – Eisenhower hatte Berlin in seinem Telegramm überhaupt nicht erwähnt – bei ihnen genau die gegenteilige Reaktion. Andererseits akzeptierten sie das von Stalin genannte Datum (Mitte Mai) für den Beginn der sowjetischen Hauptoffensive. Offenbar schlossen sie daraus, daß der auf Berlin abzielende Nebenangriff etwas später beginnen würde, so daß den westlichen Alliierten etwa sechs Wochen für die rund 200 Kilometer nach Berlin bleiben würden.

Am 4. April beantragten sie, die anglo-amerikanischen Stabschefs sollten „General Eisenhower in dieser Angelegenheit Weisungen erteilen". Aber die amerikanischen Stabschefs lehnten ein Eingreifen mit dem Hinweis ab, daß die Kampfhandlungen sich zu rasch weiterentwickelten, als daß die Stabschefs darauf einwirken könnten. Alle Entscheidungen müßten Eisenhower überlassen bleiben.

Eisenhower, der die Offensive jetzt führen konnte, wie er es für richtig hielt, begann in der ersten Aprilwoche wie geplant mit dem Vorstoß nach Leipzig. Das englische Drängen, er möge seinen Entschluß überdenken, änderte nichts an seiner Überzeugung, Berlin habe seine militärische Bedeutung verloren.

Am 7. April meldete Eisenhower, er halte es „für militärisch nicht ratsam, Berlin in diesem Stadium zu einem Hauptangriffsziel zu machen"; er fügte jedoch hinzu, er sei bereit, seine Planung abzuändern, falls die Kombinierten Stabschefs zu dem Entschluß kämen, der politische Wert Berlins sei wichtiger als militärische Überlegungen.

Am nächsten Tag lehnte er ein Ersuchen Montgomerys ab, zehn amerikanische Divisionen und mit ihnen den Angriffsschwerpunkt nach Norden zu verlegen und in Richtung Lübeck und Berlin vorzustoßen. Statt dessen teilte er Montgomery mit, Bradleys Vorstoß nach Leipzig habe Vorrang. Eisenhower bot Montgomery amerikanische Unterstützung bei der Einnahme von Lübeck und Kiel, aber nicht von Berlin an und schränkte seine kompromißlose Haltung nur wenig mit der Feststellung ein: „Sollte sich mir eine Gelegenheit bieten, Berlin billig zu bekommen, würde ich sie natürlich ausnützen."

Aber die Berlinfrage war noch nicht tot. In Wirklichkeit schien sie von Tag zu Tag lebendiger zu werden. Durch den Ruhrkessel war das gesamte Mittelstück der deutschen Westfront herausgebrochen worden. Als Bradleys Armeen, die starke Einheiten zur Liquidation des Kessels zurücklassen mußten, wieder in Richtung Osten angriffen, stellten sie fest, daß der deutsche Widerstand rascher zusammenbrach, als sie vorrücken konnten, um diese Tatsache auszunützen. Den Deutschen – Soldaten wie Zivilisten – ging es plötzlich darum, sich so rasch und schmerzlos wie möglich von der amerikanischen Front überrollen zu lassen. Die Amerikaner brauchten sich nur zu zeigen (oft nur in lächerlich kleinen Gruppen), um zu bewirken, daß in Dörfern und Städten weiße Fahnen gezeigt wurden. Es kam sogar vor, daß Bürgermeister oder Gemeinderäte Ausschau nach Amerikanern hielten, denen sie sich ergeben konnten.

Am 11. April 1945 legte eine gepanzerte Aufklärungsabteilung der 9. Armee zwischen Sonnenaufgang und -untergang erstaunliche 91 Kilometer zurück. Abends stand sie nördlich von Magdeburg an der Elbe. Am nächsten Tag überschritt Infanterie den Fluß und errichtete auf dem Ostufer einen Brückenkopf. Am gleichen Tag erreichten amerikanische Truppen 50 Kilometer nördlich von Magdeburg die Kleinstadt Tangermünde an der Elbe – 85 Kilometer von Berlin entfernt. Von Magdeburg aus waren es nur etwas über 100 Kilometer.

Berlin war wieder ein Thema. Nach Ansicht Churchills und der englischen Stabschefs hätte es niemals in der Versenkung verschwinden dürfen, und sie bemühten sich erneut, dem amerikanischen Oberkommando die überragende Bedeutung Berlins begreiflich zu machen. Sie erhielten von amerikanischer Seite Unterstützung, als Generalleutnant William H. Simpson, der Oberbefehlshaber der 9. Armee, feststellte, mit entsprechender Verstärkung könne er Berlin nehmen. Aber Eisenhower konzentrierte sich nach wie vor auf die Alpenfestung. Er hielt es für falsch, noch größere Kräfte im Norden einzusetzen, bevor die Möglichkeit eines Widerstands bis zur letzten Patrone in Süddeutschland eliminiert war.

Bradley brachte ein weiteres Argument vor, das gegen einen Vorstoß nach Berlin sprach: die zu erwartenden Verluste – zumal die westlichen Alliierten die Stadt auf die Dauer doch „dem anderen Kerl" überlassen müßten, wie er es ausdrückte. Er hatte schon Anfang April geschätzt, daß die alliierten Verluste bei einem Vorstoß von der Elbe nach Berlin 100000 Mann betragen würden. Auch als die 9. Armee an der Elbe stand, hielt er den Preis für das Prestigeobjekt Berlin weiterhin für zu hoch.

Möglicherweise waren Bradleys Einwände gegen den Versuch, Berlin zu erobern, aus historischer Sicht am stichhaltigsten.

Nach der Überquerung der Elbe nördlich oder südlich von Magdeburg wären die Amerikaner vermutlich auf einen ganz anderen Gegner gestoßen, als sie bisher auf ihrem Marsch vom Rhein nach Osten kennengelernt hatten. Anfang April hatten die Deutschen eine neue Armee, die 12. Armee, aufgestellt. Sie hatte ursprünglich aus dem Harz angreifen und die im Ruhrkessel eingeschlossene Heeresgruppe B entsetzen sollen. Als der Harz besetzt wurde, bevor die

12. Armee dort aufmarschieren konnte, übernahm sie die Aufgabe, die Westfront an Elbe und Mulde von nördlich Magdeburg bis Leipzig zu halten.

Am 12. April übernahm Wenck, den Hitler als Chef des Generalstabs des Heeres hatte haben wollen und der als einer der fähigsten Generale galt, den Oberbefehl. Die 12. Armee bestand aus sieben Divisionen, darunter einer Panzerdivision und einer motorisierten Division, die alle aus dem Personal von Offiziers- und Panzertruppenschulen in Mitteldeutschland aufgestellt worden waren. Die Divisionen waren nicht kampferprobt und hatten kaum Zeit zur Vervollständigung ihrer inneren Organisation gehabt, aber sie hatten praktisch allen übrigen deutschen Divisionen der damaligen Zeit etwas Wesentliches voraus: Sie bestanden aus erstklassigen Soldaten, nicht aus 15- und 16jährigen, alten Männern oder Leichtkranken, mit denen andere Einheiten zufrieden sein mußten.

Am 14. April teilte Eisenhower den Kombinierten Stabschefs mit, daß er an der Elbe haltmachen werde. Montgomerys 21. Heeresgruppe sollte im Norden weiter nach Kiel und Lübeck vorstoßen. Die amerikanische Hauptstreitmacht würde nach Süden einschwenken und durch Bayern den das Donautal heraufkommenden Russen entgegenmarschieren. „Am erstrebenswertesten“, schrieb er, „wäre ein Vorstoß nach Berlin . . ., aber . . . diese Operation muß gegenwärtig eine niedrige Vorrangstufe erhalten, es sei denn, die Säuberungsoperationen an den Flanken kämen unerwartet rasch voran.“ Damit war die Diskussion beendet, und die Berlinfrage ging endgültig in die Geschichte ein.

In der Berlindebatte ab Ende März – und seltsamerweise auch in großen Teilen der nach dem Krieg geführten Diskussionen – nahmen beide Seiten an, Stalins Antwort auf Eisenhowers Telegramm vom 28. März sei eine wahrheitsgemäße Schilderung der sowjetischen Absichten gewesen; die westlichen Alliierten könnten damit rechnen, jederzeit bis etwa Mitte Mai ungehindert nach Berlin vordringen zu können. Das war ein Irrtum. Stalin hatte gelogen. Er hatte das Telegramm offenbar als Täuschungsversuch gewertet und sich auf gleiche Weise revanchiert.

Schon während Stalin seine Antwort formulierte, wurden die sowjetischen Armeen zwischen Troppau und der Weichselmündung in geradezu hektischer Eile für eine Offensive umgruppiert, deren Hauptziel Berlin war. In Oberschlesien, wo Konjews Offensive am 31. März so abrupt geendet hatte, zog die jetzt in 9. Garde-Panzerarmee umbenannte sowjetische Panzerarmee ihre Einheiten aus der Front heraus und bereitete sich auf den Marsch nach Norden zur Neiße vor. Die Luftwaffeneinheiten, die auf Konjews Südflügel eingesetzt gewesen waren, verlegten sich bereits nach Norden – wie die 5. Garde-Panzerarmee aus dem Raum Breslau. Rokossowskis 2. Weißrussische Front, der nach wie vor die 1. Garde-Panzerarmee unterstellt war, kämpfte am 30. März noch an der Danziger Bucht gegen die deutsche 2. Armee; am nächsten Tag machte sie eine Kehrtwendung und stieß zur unteren Oder vor.

Die wahre Stimmung im sowjetischen Oberkommando, die aus der in gemäßigtem Tonfall gehaltenen Antwort Stalins an Eisenhower nicht hervorgegangen war, zeigte sich am 3. April, als Stalin, der gegen in der Schweiz ohne sowjetische Beteiligung stattfindende Verhandlungen über eine Kapitulation der deutschen Truppen in Italien protestierte, an Roosevelt schrieb: „Was meine militärischen Kollegen betrifft, sind sie auf Grund der ihnen zur Verfügung stehenden Informationen davon überzeugt, daß Verhandlungen stattgefunden und zu der Vereinbarung geführt haben, daß der deutsche Oberbefehlshaber an der Westfront, Feldmarschall Kesselring, den anglo-amerikanischen Truppen die Front öffnen und sie nach Osten durchmarschieren lassen wird, während die Engländer und Amerikaner als Gegenleistung ihrerseits versprochen haben, die Waffenstillstandsbedingungen für die Deutschen zu mildern." Stalin spielte den bisher getäuschten Ahnungslosen, als er gekränkt hinzufügte: „Ich erkenne, daß sich daraus gewisse Vorteile für die anglo-amerikanischen Truppen ergeben . . ., da die anglo-amerikanischen Truppen dadurch ins Herz Deutschlands vorstoßen können, fast ohne auf Widerstand zu treffen; aber weshalb ist das vor den Russen geheimgehalten worden und warum sind die Russen, ihre Verbündeten, nicht schon im voraus gewarnt worden?" Bis Eisenhower auf die Eroberung Berlins verzichtete, war das zweite „Wunder des Hauses Brandenburg" vielleicht näher, als Hitler ahnte.

Am Vorabend der Schlacht um Berlin

Nachdem Hitler im Januar 1945 nach Berlin zurückgekehrt war, blieb er von den Einwohnern der Reichshauptstadt ebenso isoliert wie im Adlerhorst oder der Wolfsschanze. Er war nicht zurückgekommen, um die Stadt zu verteidigen oder ihr Schicksal zu teilen, sondern nur deshalb, weil sie vorerst noch gute Unterbringungsmöglichkeiten für das Führerhauptquartier bot. Hitler zeigte sich nicht in der Öffentlichkeit. Seit dem Attentat vom 20. Juli 1944 hatte er es überhaupt vermieden, sich öffentlich zu zeigen. Besprechungen mit Offizieren außerhalb seiner persönlichen Stäbe waren auf kleine, streng kontrollierte Gruppen beschränkt.

Am 30. Januar 1945, dem zwölften Jahrestag der nationalsozialistischen Machtergreifung, sprach Hitler zum letztenmal im Rundfunk und konfrontierte Deutsche und Westalliierte mit dem Gespenst des Bolschewismus. Am 11. März, dem Heldengedenktag, überließ er die Kranzniederlegung am Denkmal Unter den Linden Göring und besuchte statt dessen das Hauptquartier der 9. Armee an der Oderfront. Kameramänner der Wochenschau filmten diesen Besuch, der allerdings ein seltenes Ereignis war, denn Hitler hatte während des ganzen Krieges kaum ein halbes Dutzend Frontbesuche gemacht. Am 20. März wurde er zum letztenmal gefilmt, als er mit 20 Hitlerjungen sprach, die wegen ihres Einsatzes an der Oderfront Tapferkeitsauszeichnungen erhalten hatten. So erschien Hitler zum letztenmal auf deutschen Kinoleinwänden, wie er Schuljungen in Uniform am Ohrläppchen zupfte.

Nach Hitlers Rückkehr nach Berlin fanden die zweimal pro Tag abgehaltenen Lagebesprechungen, sein bevorzugtes Instrument für die Kriegsführung, bis in die zweite Februarhälfte hinein in größerem Rahmen als je zuvor statt. Die Arbeitsräume des Führers in der bisher von Luftangriffen verschont gebliebenen Reichskanzlei boten erheblich mehr Platz als die Bunker der bisherigen Führerhauptquartiere, und während Hitler sonst mit den Oberkommandos meist durch Verbindungsoffiziere Kontakt gehabt hatte, konnte er jetzt Göring, Keitel, Dönitz, Guderian, Jodl und jeden ihrer Untergebenen, von dem er Informationen wollte, zur Teilnahme an Lagebesprechungen auffordern lassen. Und da die Front inzwischen so nahe war, konnte Hitler erstmals auch direkt Verbindung mit Frontkommandostellen halten – zumindest mit der Heeresgruppe Weichsel und ihren Armeeoberkommandos. Aber das änderte sich Ende Februar. Die Reichskanzlei wurde bei den großen amerikanischen Luftangriffen im Februar schwer beschädigt und zerfiel danach unter den fast täglichen Angriffen englischer und amerikanischer Bomber. Obwohl Teile des für ein Tausendjähriges Reich bestimmten massiven Bauwerks offenbar bis weit in den April hinein benutzbar blieben, wohnte und arbeitete Hitler ab Anfang März im Führerbunker.

Der Führerbunker lag unter dem Garten der Reichskanzlei neben der alten und in einiger Entfernung von der neuen Reichskanzlei, mit der er durch einen langen unterirdischen Gang verbunden war. Tatsächlich bildete der Führerbunker nur einen Teil eines ganzen Bunkerkomplexes, dessen größtes Element der Keller der neuen Reichskanzlei war. Da dort bis Februar 1945 gearbeitet worden war, war er wegen des nicht ausgetrockneten Betons feucht; aber er bot Platz für 600 bis 700 Menschen aus Hitlers Leibwache und seinem Büropersonal. Von dort aus führte der unterirdische Gang zu dem Vorbunker unter der alten Reichskanzlei, in dem eine Küche, Lagerräume und Personalunterkünfte untergebracht waren. Dort hatte auch Professor Morell, Hitlers Leibarzt, mehrere Räume. Vom Vorbunker aus führte eine kurze Treppe in den Führerbunker hinunter. Der Führerbunker hatte zwei weitere Ausgänge: durch ein Blockhaus im Garten und einen im Frühjahr 1945 noch nicht fertiggestellten Beobachtungsturm aus Stahlbeton. Der Bunker hatte 18 Räume. Außer dem Maschinenraum und zwei größeren Räumen, die auch als Mittelgang dienten, waren sie alle ungefähr gleich groß – etwa 2,5 mal 3 Meter. Die Abstände der Zwischenwände waren so gering, weil sie das Gewicht der 3,50 Meter dicken Stahlbetondecke und einer zwei Meter hohen Erdaufschüttung zu tragen hatten. Die beiden Räume des Mittelganges waren etwa doppelt so groß wie die anderen, ungefähr 2,5 mal 6 Meter. Der an die Treppe zum Vorbunker anschließende Raum diente als Vorzimmer; in dem anderen fanden die Lagebesprechungen statt. Von dort aus führten Türen in Hitlers Arbeits- und Schlafräume, die den größten Teil einer Seite des Bunkers einnahmen. Auf der anderen Seite befanden sich Schlafräume für Hitlers Kammerdiener und Ordonnanzen, eine Fernsprechvermittlung und kleine Büros für Goebbels und den Leiter der Parteikanzlei, Martin Bormann.

Im März 1945 versuchten Hitlers Mitarbeiter, ihn dazu zu bewegen, aus dem Führerbunker nach Zossen oder in den großen Luftwaffenbunker in Berlin-Wannsee umzuziehen. Das Oberkommando des Heeres und das Oberkommando der Wehrmacht waren in Zossen im Maybachlager I und II untergebracht, wo sie über die besten Nachrichtenverbindungen Deutschlands verfügten. Wegen dieser räumlichen Trennung verbrachten die Generale die meiste Zeit in Lagebesprechungen oder auf Fahrten nach und von Berlin. Hitler gab vor, Zweifel an der Haltbarkeit des „Heeresbetons" zu haben, aber vermutlich war er sich darüber im klaren, daß seine Leibstandarte ihn nur im Führerbunker wirksam schützen konnte. In Zossen oder im Luftwaffenbunker hätte sie allzu leicht überwältigt werden können.

Die Frage eines Umzugs nach Zossen wurde nicht wieder aufgeworfen, nachdem am 15. März 675 amerikanische Fliegende Festungen die angeblich geheimen Einrichtungen bombardiert hatten. Der „Heeresbeton" erwies sich jedoch als erstaunlich widerstandsfähig: Die Bomben zerstörten praktisch nur die Holzbauten, die zur Tarnung über den Bunkern errichtet worden waren.

Obwohl Hitler im Führerbunker isoliert war, ver-

Hitler inspiziert die zerstörte Reichskanzlei

Sinnlose Parolen und sinnloser Einsatz von Kindern und Veteranen

An der Tür eines ausgebombten Hauses sind Botschaften der ehemaligen Bewohner über ihren Verbleib

Ein Verwundeter wird geborgen

Russische Artillerie

Sowjetische Soldaten stürmen den Reichstag und hissen die Fahne mit Hammer und Sichel auf dem Dach

folgte er die Entwicklung an den Fronten so aufmerksam und entschlossen wie je zuvor. Am 30. März warnte er die Heeresgruppe Weichsel, daß der Vormarsch der Westalliierten östlich des Rheins die Russen dazu veranlassen könnte, über die Oder hinweg anzugreifen, ohne die Umgruppierung ihrer Kräfte in West- und Ostpreußen abzuwarten. Er wies Heinrici an, eine Hauptkampflinie drei bis fünf Kilometer hinter der Front auszubauen und die Artillerie so aufzustellen, daß sie Sperrfeuer in den Raum zwischen den beiden Linien schießen könne. Aber Hitler schien noch immer nicht recht davon überzeugt zu sein, daß Berlin das Hauptziel der Roten Armee sein würde.

Ende März hatte er die 10. SS-Panzerdivision, die bisher zur Heeresgruppe Weichsel gehört hatte, der Heeresgruppe Mitte unterstellt und südöstlich von Görlitz stationiert, wo seiner Meinung nach die 3. Garde-Panzerarmee einen Durchbruch nach Prag versuchen würde. Am 2. und 3. April setzte er die Grenadierdivision „Führer" und die 25. Panzerdivision zur Heeresgruppe Süd in Marsch, um sie Wien mitverteidigen zu lassen. Durch diese Abgaben büßte Heinrici die Hälfte seiner beweglichen Kräfte ein.

Obgleich Hitler sich selbst in Berlin aufhielt, betrachtete er die Lage der Reichshauptstadt mit nonchalantem Desinteresse. Für ihn war Berlin lediglich eine der vielen Schachfiguren, mit denen er nach Gutdünken umging. Die Auffassung, die Hitler von sich selbst als Feldherr hatte, erforderte eine entschieden großräumige Führungsweise. Außerdem stand für Hitler noch keineswegs fest, daß er bis zuletzt in Berlin ausharren würde.

Während die Einwohnerschaft der Dörfer und Städte im Westen Deutschlands die einmarschierenden Engländer und Amerikaner mit aus den Fenstern hängenden weißen Bettlaken begrüßte, spielte Hitler im Führerbunker den Strategen. In Befehlen an die Heeresgruppen Nord und Kurland unterstrich er erneut, daß es ihre Aufgabe sei, feindliche Kräfte abseits der Hauptfront zu binden und den Russen den Zugang zu den Ostseehäfen zu sperren. Am 3. März, als diese Entscheidung weder der Garnison noch der Zivilbevölkerung mehr nützen konnte, genehmigte Hitler einen Ausbruch aus der Festung Glogau an der Oder, die seit Januar 1945 eingeschlossen war. Das ebenfalls eingeschlossene Breslau sollte „als Beispiel für das gesamte deutsche Volk" und „Gewähr für einen Umschwung im Osten" weiter aushalten.

Als der – für ihn – letzte Kriegsmonat begann, galt Hitlers Aufmerksamkeit noch immer der Südflanke in Ungarn. Der Grund dafür wird sich vielleicht nie mehr feststellen lassen. Hitler hatte nichts unternommen, um die Alpenfestung, vor der Eisenhower solchen Respekt hatte, ausbauen zu lassen. Er hatte sich in Norddeutschland, vor allem in Berlin, nie heimisch gefühlt, so daß denkbar war, daß er jetzt versuchte, die Wiege des Nationalsozialismus in Österreich und Süddeutschland zu retten. Aber wahrscheinlich konnte er nur der Versuchung nicht widerstehen, sich auf ein Gebiet zu konzentrieren, das noch „Operationen" in der von ihm bevorzugten Art zuließ.

Am 27. März überschritten die sowjetische 6. Garde-Panzerarmee, die 4. Garde-Schützenarmee und die 9. Garde-Schützenarmee die Raab, den letzten Fluß östlich der Grenze nach Österreich. Hitler schickte zwei Divisonen als Verstärkung, aber er bestimmte zwei von ihnen für die 2. Panzerarmee, die noch immer das Ölfeld südlich des Plattensees verteidigte, und die dritte für die 8. Armee, die zu diesem Zeitpunkt nördlich der Donau im Raum Komorn stand. Die 6. Armee und die 6. SS-Panzerarmee, die in Richtung österreichische Grenze zurückgedrängt wurden, sollten nicht verstärkt werden.

Als Wöhlers Stabschef hörte, daß Hitler wegen der dortigen Raffinerien auf der Verteidigung von Komorn bestand, forderte er den Chef der Operationsabteilung des Heeres auf, ihm eine Luftaufnahme vorzulegen. Diese Aufnahme zeigte, daß die Raffinerien nur noch aus Bombentrichtern bestanden. Die 2. Panzerarmee, die bisher von der sowjetischen Offensive unberührt geblieben war, meldete nun, daß sie in nächster Zeit einen Angriff erwarte. Ihre Ungarn desertierten „in hellen Haufen", so daß die Armee beantragte, zur Hauptverteidigungslinie zwischen Drau und Plattensee zurückgehen zu dürfen. Als Wöhler diesen Auftrag befürwortend weiterleitete, erhielt er von Guderian die Auskunft, es sei zwecklos, Hitlers Zustimmung einholen zu wollen, da das Wort „Ölfeld" im Augenblick für ihn „mit Großbuchstaben geschrieben" werde.

Nach weiteren zwei Tagen erreichte die 6. Garde-Panzerarmee die österreichische Grenze westlich von Güns/Steinamanger. Hitler ließ die 6. Armee und die 6. SS-Panzerarmee in die zur Verteidung der Grenze ausgebauten Stellungen zurückgehen, aber die Armeen an den Flügeln mußten bleiben, wo sie waren.

Am Abend des 29. März hielt die 8. Armee noch immer Komorn, aber die 2. Panzerarmee, die an diesem Tag zum erstenmal angegriffen worden war, hatte Nagybajom in der Mitte ihrer Front südlich des Plattensees aufgeben müssen.

Am 30. März überschritt die 6. Garde-Panzerarmee die Grenze nach Österreich und drehte ein, um zwischen Leithagebirge und Neusiedler See nach Norden in Richtung Wien vorzustoßen. Rechts von ihr rückten die 9. und 4. Garde-Schützenarmee ebenfalls auf Wien vor. Hitler verlangte einen Gegenangriff, der die Front schließen und die russische Panzerarmee einkesseln sollte.

Wöhler antwortete, weder die 6. Armee noch die 6. SS-Panzerarmee seien auch nur andeutungsweise zu einem Gegenangriff imstande; er schätze sich bereits glücklich, wenn es der 6. SS-Panzerarmee gelinge, eine Art Front zwischen Wiener Neustadt und Neusiedler See aufzubauen, bevor die Russen heran seien. Wöhler hatte Offiziere seines Stabes zur Truppe entsandt; sie hatten übereinstimmend gemeldet, die Männer seien erschöpft und in gedrückter Stimmung; ein erfolgreicher Gegenstoß sei mit dieser ausgebrannten Truppe unmöglich zu führen. Außerdem war die Lage auf dem rechten Flügel der 6. Armee fast so gefährlich wie auf dem linken: Dort war die sowjetische 27. Schützenarmee durchgebrochen und stieß zwischen 6. Armee und 2. Panzerarmee nach Süden vor.

Anfang April befanden Tolbuchin und Marschall Rodion I. Malinowski sich im Vormarsch auf Wien. Malinowskis 2. Ukrainische Front drängte die deutsche 8. Armee nördlich der Donau nach Preßburg zurück. Tolbuchin ließ die Armeen seines rechten Flügels durch das Wiener Becken zwischen Preßburg und Neusiedler See angreifen. Seine Panzertruppe, die 6. Garde-Panzerarmee, marschierte am 2. April auf dem Weg nach Wien an Wiener Neustadt vorbei. Die 2. Panzerarmee hatte sich inzwischen auf eine Linie westlich von Nagykanizsa zurückgezogen, die gerade noch das Ölfeld umfaßte.

Hitler entsandte die 25. Panzerdivision und die Grenadierdivision „Führer" zur Verteidigung Wiens. Am 3. April befahl er Wöhler, „endlich" die Flanken der Russen anzugreifen, anstatt zu versuchen, die sowjetischen Panzerspitzen durch Frontalangriffe aufzuhalten. Nachdem Wöhler erneut gemeldet hatte, die Heeresgruppe sei nicht zu einem Gegenangriff imstande und müsse den Russen etwas entgegenstellen, um sie daran zu hindern, „ins Unendliche auszubrechen", berief Hitler Generaloberst Lothar Rendulic aus Kurland ab und übertrug ihm den Oberbefehl über die Heeresgruppe Süd.

Als Rendulic am 7. April um Mitternacht das Hauptquartier der Heeresgruppe südwestlich von St. Pölten erreichte – selbst Oberbefehlshaber von Heeresgruppen konnten damals in Deutschland nicht mehr schnell reisen –, standen die Russen in Wien am Wiedner Gürtel und westlich der Stadt an der Donau. Malinowski hatte mit der 46. Schützenarmee die Donau überschritten und stieß damit von der March aus nach Westen vor, um Wien im Norden abzuschneiden.

In diesen letzten Tagen erschien Skorzeny mit einem Sonderauftrag Hitlers in Wien, ließ drei Offiziere an der Florisdorfer Brücke aufknüpfen und behauptete, die Lage in der Stadt sei „trostlos", weil keine Befehle gegeben würden und „andere Auflösungserscheinungen" weitverbreitet seien. Rendulic, der selbst als rücksichtslos durchgreifender Vorgesetzter bekannt war, aber nicht mehr die Absicht hatte, sich in letzter Minute mit Durchhalteparolen verbreitenden SS-Führern zu verbünden, widersprach mit dem Hinweis, daß Wien sich in nichts von einer Großstadt mit Straßenkämpfen und kriegsmüder Einwohnerschaft unterscheide, und warf Skorzeny hinaus.

In Wien wurde bis zum 13. April nachmittags gekämpft, aber die Schlacht nahm nicht die von Hitler erwarteten heroischen Proportionen an. Weder Angreifer noch Verteidiger legten Wert auf ein zweites Stalingrad oder Budapest. Nachdem die Deutschen sich in der Stadt achtbar gehalten hatten, zog Rendulic seine Divisionen nach Westen und Nordwesten in den Wienerwald ab. Die Russen hinderten ihn nicht daran. In der Aufregung über den Verlust von Wien wurde der gleichzeitige Verlust des ungarischen Ölfeldes in Berlin kaum wahrgenommen.

Das Erstaunliche war, daß der Krieg überhaupt noch weiterging, aber er wurde fortgesetzt – an der Ostfront mit einer Erbitterung, die lediglich durch das Widerstreben der Truppe, sich in einem zu Ende gehenden Krieg zu opfern, abgemildert wurde. Auch das sowjetische Oberkommando stand unter gewissen Zwängen. Zu den wirksamsten gehörte der Drang, die vermeintlichen Hochburgen des Nationalsozialismus und deutschen Militarismus mit Feuer und Schwert zu stürmen. Berlin war eine davon; Ostpreußen, die Wiege des deutschen Junkertums und der historische Ausgangspunkt teutonischer Vorstöße in slawische Gebiete, war eine weitere.

Im April 1945 hatte der Krieg Ostpreußen bereits überrollt. Fast die gesamte Zivilbevölkerung war über die Danziger Bucht geflüchtet, aber seine Hauptstadt Königsberg hielt sich wie ein Denkmal deutschen Hochmuts. Die 1. Baltische Front und die 3. Weißrussische Front hatten im Februar versucht, Königsberg zu nehmen, aber sie hatten sich gegenseitig behindert und in ihrer Verwirrung zugelassen, daß die deutsche 4. Armee von der Halbinsel Samland aus einen Korridor zu der belagerten Stadt öffnete.

Anfang April zog Marschall Wasilewski, der Oberbefehlshaber der 3. Weißrussischen Front, vier Armeen um Königsberg zusammen. Der deutsche Festungskommandant, General Otto Lasch, hatte sechs Divisionen und Hitlers „Richtlinien für den Kommandanten eines festen Platzes", in denen es hieß, der Kommandant habe „den ihm anvertrauten festen Platz nach Eintreffen der für die Verteidigung vorgesehenen Gesamtbesatzung endgültig auch bei stärksten geschlossenen Feindangriffen zu verteidigen, sich ggf. einschließen zu lassen und bis zum letzten zu halten". Von diesem Auftrag konnte der Kommandant nur mit Genehmigung Hitlers durch den Oberbefehlshaber der zuständigen Heeresgruppe entbunden werden.

Der Sturm begann am Morgen des 6. April 1945. Der Tag brach hell und klar an. In einem dreiviertelstündigen Angriff warfen russische Bomber 550 Tonnen Bomben auf Königsberg ab. Artillerie, Granatwerfer und „Stalinorgeln“ (Raketenwerfer) schossen sich von Norden, Osten und Süden auf die Stadt ein. Unter den überall aufsteigenden Rauch- und Staubwolken lag Königsberg in fahlem Zwielicht. Die Bomber flogen zu ihren Stützpunkten zurück, luden neue Bomben, flogen im Laufe des Tages zwei weitere Einsätze und belegten die Stadt dabei mit weiteren 1000 Tonnen Spreng- und Brandbomben. Gebäude fielen zusammen, Straßen verschwanden unter Trümmerschutt, und Bomben, Granaten und Raketen verwischten selbst die Umrisse von Gebäuden und Straßenzügen, als die belagerte Stadt in eine Trümmerlandschaft verwandelt wurde.

Die Russen behaupten noch heute, Königsberg sei eine starke Festung gewesen. Sie können ihre Behauptung mit den Aussagen dreier Deutscher untermauern: Hitler, General Friedrich W. Müller, der als Durchhaltespezialist galt und im Februar 1945 zum Oberbefehlshaber der 4. Armee ernannt worden war, und Erich Koch, der Gauleiter von Ostpreußen, gaben zumindest vor, Königsberg für eine ernstzunehmende Festung zu halten. Koch war bereit, in Königsberg bis zum letzten Mann zu kämpfen – solange er nicht mitkämpfen mußte. Als Hitlers ehemaliger Statthalter in der Ukraine hatte er zudem alle Ursache, eine Gefangennahme durch die Russen zu fürchten. Als der Kampf um Königsberg begann, ließ er seinen Stellvertreter in der Stadt zurück und setzte sich nach Neutief am äußersten Ende der Frischen Nehrung ab, um den Widerstand von dort aus anzufeuern. Lasch, der Kommandant, fand nur, die Russen erwiesen der Stadt zuviel Respekt, indem sie vier Armeen aufboten, um zwei alte Festungsgürtel zu durchbrechen, deren jüngstes Fort im Jahre 1882 fertiggestellt worden war.

Am 7. April ging die Beschießung weiter, während die Russen aus Norden und Süden angriffen, um den aus Königsberg nach Westen führenden Korridor abzuschneiden. Am Abend des gleichen Tages ersuchte Lasch um Genehmigung für den Ausbruch durch eine Lücke in der russischen Einschließungsfront auf dem Nordufer des Pregels. Müller wies sein Ersuchen „in schärfster Form“ zurück. Sowjetische Flugzeuge warfen nachts weitere 569 Tonnen Bomben ab, während Lautsprecherwagen Marschmusik und Aufforderungen an die Deutschen, die Waffen niederzulegen, übertrugen. Der Durchschlupf nach Westen verschwand im Laufe der Nacht.

Am nächsten Tag fielen weitere 1500 Tonnen Bomben auf Königsberg – hauptsächlich auf die Innenstadt, in der sich der deutsche Widerstand nun konzentrierte. Abends wurde Koch von dem stellvertretenden Gauleiter dazu bewogen, der Evakuierung der 100 000 Zivilisten zuzustimmen. Müller war ebenfalls einverstanden, solange nicht mehr Truppen eingesetzt wurden, als unbedingt erforderlich war, denn die „Festung“ sollte weiter verteidigt werden. Lasch setzte die Reste dreier Divisionen ein.

In der Dunkelheit konnten die Soldaten sich lediglich an den Standorten sowjetischer Lautsprecher orientieren. Markante Punkte waren verschwunden oder hatten sich so stark verändert, daß selbst alte Königsberger, die eigens als Führer eingeteilt worden waren, sie nicht wiedererkannten. Als die Zivilisten und Fahrzeuge sich eine halbe Stunde nach Mitternacht in Bewegung setzten, alarmierte der Lärm die Russen, die den ganzen Westen der Stadt mit Artilleriefeuer abriegelten. Zwei der den Ausbruch anführenden Generale fielen, der stellvertretende Gauleiter fand den Tod, und ein dritter General wurde verwundet. Soldaten und Zivilisten strömten führerlos in die Innenstadt zurück, so daß jetzt in der Westfront eine Lücke klaffte.

Teile einiger Regimenter kehrten nicht um. Sie hatten nichts mehr zu verlieren. Viele dieser Soldaten starben auf den beiden großen Friedhöfen am Ostrand der Stadt, wo die Russen freies Schußfeld hatten. Nach Tagesanbruch konnten die Überlebenden den Morgennebel ausnützen, um Deckung in den Sümpfen an der Pregelmündung zu finden. Von dort aus beobachteten sie, wie Königsberg starb. Den ganzen Vormittag wurde der Vorhang aus Rauch und Feuer unablässig durch neue Detonationen erschüttert. Am Spätnachmittag ließen sie allmählich nach, bis vereinzeltes MG-Feuer zu unterscheiden war. Nach Einbruch der Dunkelheit wurde es ruhig, und der Widerschein zahlreicher Brände ließ die über der Stadt hängenden schwarzen Rauchwolken unheimlich rot erglühen.

Am Morgen des 9. April hatte Lasch Gewissenserforschung betrieben. Er hatte keine Hilfe von außen zu erwarten. Seine Munitions- und Verpflegungslager waren zum größten Teil in russischer Hand oder ausgebrannt. Königsberg konnte den Ausgang des Krieges nicht mehr im geringsten beeinflussen. Konnte er unter diesen Umständen die Verantwortung für den Tod weiterer Tausender von Zivilisten und Soldaten auf sich nehmen? General Lasch kapitulierte und wurde dafür von Hitler in Abwesenheit zum Tode durch den Strang verurteilt.

Nach Berlin!

In den ersten beiden Aprilwochen führten die Russen – offenbar unter Schukows Oberbefehl – ihre schnellste große Umgruppierung dieses Krieges durch. Im März hatte die 1. Weißrussische Front ihren Abschnitt nach Norden bis zur Odermündung ausgedehnt. Schukow nahm ihren rechten Flügel stromaufwärts nach Schwedt zurück, so daß sie jetzt auf Berlin ausgerichtet war: Ihr rund 100 Kilometer breiter Frontabschnitt lag je zur Hälfte nördlich und südlich der Reichshauptstadt. Rechts von ihr verlegte Rokossowski seine 2. Weißrussische Front in den freigewordenen Raum. Er hatte Danzig erst am 30. März eingenommen und wegen der befohlenen hastigen Verlegung seiner Armeen an die untere Oder nicht verhindern können, daß die Überreste der deutschen 2. Armee sich ins Weichseldelta zurückzogen. Konjew verlegte den Schwerpunkt der 1. Ukrainischen Front aus Oberschlesien nach Nordwesten an die Neiße. Die drei sowjetischen Fronten (Heeresgruppen) verfügten über insgesamt 2500000 Mann, 6250 Panzer, 7500 Flugzeuge, 41600 Geschütze und Granatwerfer, 3255 Raketenwerfer und 95383 Fahrzeuge, von denen viele – wenn nicht sogar die meisten – aus den Vereinigten Staaten kamen.

Wegen des Mißtrauens, das die jüngsten Erfolge der westlichen Alliierten geweckt hatten, verfolgte das sowjetische Oberkommando mit dieser Umgruppierung und der nachfolgenden Offensive vor allem ein Hauptziel: die möglichst rasche Besetzung – zumindest des östlich der Elbe gelegenen Teils – der zukünftigen sowjetischen Besatzungszone. Selbst wenn man außer acht ließ, was die Russen zweifellos nicht taten, daß eine heimliche Einigung zwischen den Westalliierten und den Deutschen höchstwahrscheinlich die Bestimmung enthielt, daß die Westmächte Berlin besetzen würden, war dieses Ziel nicht ohne die Eroberung der Reichshauptstadt zu erreichen. Ob Berlin als strategisch wichtiges Ziel galt oder nicht, spielte dabei keine Rolle; entscheidend war, daß der Kampf um die sowjetische Besatzungszone nicht und vor allem nicht schnell gewonnen werden konnte, solange Berlin nicht gefallen war.

Der sowjetische Offensivplan war ein dreifacher Kompromiß. Der Angriffsschwerpunkt sollte bei Berlin liegen, aber der Plan sah vor, daß auch in anderen Abschnitten auf größter Breite angegriffen werden sollte, um möglichst tiefe Einbrüche zu erzielen. Damit die Offensive frühzeitig beginnen konnte, wurde sogar in Kauf genommen, daß die 2. Weißrussische Front erst mit einigen Tagen Verspätung in den Kampf eingreifen konnte. Gleichzeitig versuchte die *Stawka* sich auf dem linken Flügel die Möglichkeit für ein rasches Abdrehen in die Tschechoslowakei offenzuhalten.

Schukow stellte die Masse der 1. Weißrussischen Front – fünf Armeen, darunter die 1. und 2. Garde-Panzerarmee – für einen Frontalangriff auf Berlin aus dem Brückenkopf Küstrin heraus bereit. Die Panzerdivisionen sollten im Norden und Süden an Berlin vorbeistoßen, so daß die 2. Garde-Panzerarmee den nördlichen Umfassungsarm und die 1. Garde-Panzerarmee den südlichen Umfassungsarm bildete. Die 2. Weißrussische Front würde die Oder nördlich von Schwedt überqueren und in Richtung Neustrelitz vorstoßen. Dadurch sollte sie die 3. Panzerarmee von der unteren Oder an die Ostseeküste zurückdrängen und die Flankensicherung nach Norden für die Berlin angreifenden Einheiten übernehmen; da Rokossowski jedoch Zeit brauchte, um seine Armeen in Angriffsposition zu bringen, würde die 2. Weißrussische Front erst mit vier Tagen Verspätung in die Kämpfe eingreifen.

Um bis dahin einen Flankenschutz zu haben, wollte Schukow zwei Armeen der 1. Weißrussischen Front im Norden Berlins am Finowkanal bis Fehrbellin vorstoßen lassen. Am Südflügel der 1. Weißrussischen Front würden weitere zwei Armeen aus dem sowjetischen Brückenkopf bei Frankfurt an der Oder nach Nordwesten in Richtung Brandenburg angreifen, um den südlichen Umfassungsarm zu verstärken und gemeinsam mit Teilen der 1. Ukrainischen Front die Überreste der 9. Armee und der 4. Panzerarmee an Oder und unterer Neiße einzuschließen.

Für die 1. Ukrainische Front waren zwei Hauptstoßrichtungen vorgesehen: Die 3. und 4. Garde-Panzerarmee sowie drei Schützenarmeen sollten die Neiße zwischen Forst und Muskau überschreiten und über Spremberg nach Westen und Nordwesten angreifen; zwei weitere Armeen sollten aus dem Raum nördlich Görlitz in Richtung Dresden vorstoßen.

Konjew hatte den Auftrag, die Elbe zwischen Dresden und Wittenberg zu erreichen, weil dort das Zusammentreffen mit den Amerikanern erwartet wurde. Er wollte im Nordwesten bis Belzig vordringen, um von dort aus Einheiten zur Unterstützung des linken Flügels der 1. Weißrussischen Front im Süden Berlins abstellen zu können. Konjew sollte offenbar möglichst wenige seiner Armeen im Kampf um Berlin einsetzen, damit sie frühzeitig umgruppiert und für einen Vorstoß nach Süden, der über Dresden nach Prag führen würde, eingesetzt werden konnten. Aber die Panzerarmeen an seiner Nordflanke waren eindeutig als Rückversicherung gedacht, und eine Variante des Offensivplans sah vor, sie im Bedarfsfall nach Norden, nach Berlin einschwenken zu lassen.

Die Russen informierten Eisenhower nicht über die geplante Offensive, obwohl er ihnen am 28. März seinen Angriffsplan übermittelt und ihn im April durch nähere Angaben ergänzt hatte. Nach dem Krieg wurde die abschließende Offensive so sehr zu einem Streitobjekt sowjetischer Innenpolitik, daß immer schwieriger zu bestimmen ist, bis zu welchem Grade irgendeine sowjetische Darstellung der damaligen Ereignisse tatsächlich wiedergibt, was beabsichtigt war und was dann eingetreten ist. Unsere Darstellung basiert auf General S.P. Platonows Buch *Wtoraja Mirowaja Woina* (Der Zweite Weltkrieg), das den Vorzug hat, in der kurzen Periode Ende der fünfziger Jahre erschienen zu sein, in der die sowjetische Geschichtsschreibung den Stalinkult überwunden und zu einer gewissen Tatsachenberichterstattung (aber nicht Objektivität) gefunden hatte – und in der es nicht nötig war, Schukows Anteil an der Eroberung Berlins möglichst zu verschweigen.

Obwohl Platonow sich an die bei sowjetischen Historikern vielfach übliche Praxis hält, Kommandeure nicht namentlich zu erwähnen, stellt er eindeutig fest, daß auch die Schlußoffensive in Entwurf und Ausführung wie alle Großoffensiven der Roten Armee das Werk eines einzelnen Oberbefehlshabers gewesen ist. Dieser Oberbefehlshaber war Schukow. Im April 1945 erbeuteten die Deutschen Schukows Befehl, mit dem er den Oberbefehl über die 1. Weißrussische Front an seinen langjährigen Stabschef, Generaloberst (später Marschall) Wassili D. Sokolowski, übergab.

In einem wichtigen Punkt unterschied der sowjetische Plan sich entscheidend von dem Eisenhowers: Er war ein regelrechter Offensivplan, während Eisenhower nur Säuberungsaktionen plante, mit denen der Krieg beendet werden sollte. Andererseits war der sowjetische Plan auch kein strategischer Geniestreich, wie ihn die Russen seither hingestellt haben. Schukow und Eisenhower standen vor dem gleichen Problem, den Krieg gegen einen geschlagenen Gegner zu Ende bringen zu müssen, der sich weigerte, seine Niederlage einzugestehen. Die russische Behauptung, die Deutschen kämpften nur mehr gegen sie und leisteten den Engländern und Amerikanern keinen Widerstand, war unhaltbar. Seit Februar führten die Deutschen im Westen und Osten praktisch völlig getrennte Kriege. Die Russen hinkten in ihrem ganz einfach sechs Wochen hinterher.

Tatsächlich hatte für Berlin schon vor der sowjetischen Offensive die Nachkriegszeit begonnen. Die Engländer und Amerikaner, vor allem die Amerikaner, hatten bei ihrem Einmarsch in Deutschland festgestellt, daß auch dort das Gras grün war und die Kühe Milch gaben, wie ein Offizier es ausdrückte. Sie waren gekommen, um den Nationalsozialismus auszurotten – notfalls mit brutalsten Methoden. Aber sie fanden zerstörte Städte, eine drohende Hungersnot und ein erschöpftes, apathisches Volk vor.

So zeichnete sich schon im April 1945 ab, daß es nicht darauf ankommen würde, die Deutschen nicht hochkommen zu lassen, sondern zu verhindern, daß sie ganz untergingen. Bei der Einteilung der Besatzungszonen hatten die Engländer sich die Industrie, die Russen die Landwirtschaft und die Amerikaner die Naturschönheiten gesichert. Die Lebensmittelzuteilung in den beiden Westzonen konnte im April 1945 nur als ausreichend gelten, wenn man annahm, daß die Deutschen Lebensmittel gehortet hatten. Die Landwirtschaft lag so darnieder, daß im kommenden Winter eine Hungersnot zu befürchten war. Deshalb wurde Berlin plötzlich auch für die Amerikaner wichtig – nicht als Angriffsziel, sondern als Sitz des Alliierten Kontrollrats, der als einzige Stelle imstande sein würde, Deutschland vor der drohenden Katastrophe zu bewahren.

Mitte April hatte SHAEF unter dem Decknamen „Operation Gold Cup“ 70 anglo-amerikanische Vorauskommandos gebildet, die eingesetzt werden konnten, um innerhalb des SHAEF-Bereichs alle deutschen Ministerialbeamten aufzuspüren und in eigene Lager zu bringen. Einige Wochen zuvor war „Gold

Cup“ durch eine SHAEF-Spezialabteilung ergänzt worden, die aus Mitgliedern der englischen und amerikanischen Kontrollratsgruppen bestand und den Auftrag hatte, „zum frühestmöglichen Zeitpunkt“ mit den Russen Verbindung aufzunehmen und gemeinsam mit Russen und Franzosen die Bildung des Alliierten Kontrollrats vorzubereiten. In Belgien hielt sich das Military Government Detachment A1A1 für den Einsatz in Berlin bereit. Allerdings stand noch nicht fest, wie die SHAEF-Organisationen nach Berlin kommen würden. Fest stand lediglich, daß Berlin von den Russen erobert werden würde. Angesichts der bekannten Haltung der russischen Seite war zu vermuten, daß SHAEF auf eine Einladung der Sowjets würde warten müssen, die langwierige Regierungsverhandlungen erfordern konnte.

Auch die sowjetische Einstellung änderte sich. Seit 1941 war Ilja Ehrenburg, der für die russische Armeezeitung *Roter Stern* schreibende Autor, der bekannteste, wenn auch kaum geachtetste sowjetische Kriegskommentator geworden. Er hatte unzählige Zeitungsspalten mit Haßtiraden gegen die Deutschen gefüllt und zwischendurch übellaunige Artikel über die Verbündeten der Sowjetunion geschrieben. Seine Äußerungen, die natürlich nur mit Billigung staatlicher Stellen veröffentlicht werden konnten, galten im In- und Ausland als offiziöse Richtschnur für das emotionale Verhalten der Rotarmisten.

Ehrenburgs Schmähungen der Deutschen und der westlichen Alliierten hatten in den ersten Monaten des Jahres 1945 ihren Höhepunkt erreicht. In der deutschen Öffentlichkeit setzte sich der auch nach

Kriegsende durch Ehrenburgs Dementis nicht zu beseitigende Eindruck fest, er habe zur Rache an der deutschen Zivilbevölkerung durch Vergewaltigung, Mord, Brandstiftung und Plünderung aufgerufen. Wie Ehrenburg in seinen Memoiren berichtete, endete seine Laufbahn als Kommentator zu seiner eigenen großen Überraschung urplötzlich am Morgen des 18. April 1945. An diesem Tag brachte die *Prawda* einen Artikel, in dem G.F. Alexandrow, der Chefideologe des Zentralkomitees der KPdSU, Ehrenburg unter der nur scheinbar harmlosen Überschrift „Genosse Ehrenburg vereinfacht zu sehr" tadelte. Alexandrow verurteilte ihn, weil er alle Deutschen als Untermenschen behandeln wolle und darauf bestehe, alle Deutschen seien Nazis. Ehrenburg vermutete, dieser Angriff sei von Stalin angeordnet worden, womit er zweifellos recht gehabt haben dürfte.

Hitlers Vorbereitungen

Hitlers Herrschaftsbereich schrumpfte zusehends. Oberschlesien und das Saargebiet waren verlorengegangen. Das Ruhrgebiet war eingeschlossen. Die Russen stießen nach Wien vor. Am 3. April führte die praktisch am Ende ihrer Kräfte angelangte Heeresgruppe Kurland ihre sechste große Abwehrschlacht, seitdem sie im Herbst 1944 abgeschnitten worden war. Trotzdem befahl Hitler ihr, ihre gegenwärtigen Stellungen zu halten und möglichst starke Feindkräfte zu binden – die dann natürlich nicht gegen Deutschland eingesetzt werden konnten. Nachdem Königsberg gefallen war, hielten die Deutschen in Ostpreußen lediglich noch die Westhälfte der Halbinsel Samland und die sich zum Weichseldelta hinziehende Frische Nehrung. Hitler, der die Heeresgruppen Nordukraine und Südukraine geschaffen hatte, als die Ukraine praktisch schon verloren war, und eine Heeresgruppe Weichsel aufgestellt hatte, als kaum noch deutsche Truppen an der Weichsel standen, benannte die 2. Armee in Ostpreußische Armee um.

Die deutsche Rüstungsindustrie existierte fast nicht mehr. Im Winter 1944/45 waren die Kohlelieferungen drastisch zurückgegangen. Schon im Januar war kaum ein Fünftel des Monatsbedarfs an Panzer- und Pakgranaten gefertigt worden. Im Februar hatte die Industrie noch 2000 Panzer, 25 000 MGs und über 200 000 Gewehre produziert, aber die Handfeuerwaffen reichten nicht für die vom Ersatzheer aufgestellten neuen Divisionen aus. Im März ließ Hitler sämtliche Produktionszweige zugunsten der Munitionsfertigung einstellen.

Berlin war zum Kriegsgebiet geworden, bevor die Russen in die Stadt eindrangen. Am 10. April flogen amerikanische Bomber ihren größten Angriff (mit 1232 Bombern) auf die Reichshauptstadt, der aber nicht mehr ungewöhnlich war, weil es damals zahlreiche 1000-Bomber-Angriffe auf deutsche Großstädte gab. Die neuen deutschen Düsenjäger machten die späteren Angriffe etwas verlustreicher als die früheren (wenn sie überhaupt starten konnten), aber die Bomben fielen ebenso erbarmungslos. Allein ein Drittel der gesamten auf Berlin abgeworfenen Bombenlast wurde zwischen Februar und Mai 1945 von alliierten Flugzeugen herangeschleppt. Von den 329 000 Todesopfern, die diese Luftangriffe forderten, fanden über ein Drittel in dem genannten Zeitraum den Tod. Vom 1. Februar bis zum 21. April erlebte Berlin 83 schwere Bombenangriffe – vor allem durch englische Mosquito-Schnellbomber, die nur am 31. März, in der Nacht vor Ostern, ausblieben.

Im Führerbunker behielt Hitler seine gewohnte Arbeitsweise bei: Er arbeitete nachts, hielt die „abendliche“ Lagebesprechung um Mitternacht oder noch später ab und schlief dafür bis mittags. Der kleine Besprechungsraum im Bunker bot kaum genug Platz für alle Teilnehmer dieser Lagebesprechungen, bei denen nur Hitler und seine zwei Stenographen saßen.

Die übrigen Großen oder weniger Großen standen dichtgedrängt in dem Raum zwischen den Betonwänden und dem Kartentisch, hinter dem Hitler Platz nahm.

Wer den Bunker betrat, mußte seine Pistole abgeben und sich von SS-Posten nach versteckten Waffen abtasten lassen. Mißtrauen hing in der Luft. Bei den Lagebesprechungen wurden selten Entscheidungen getroffen, denn Hitler hatte seine Befehle meistens schon ausgearbeitet, bevor die Besprechung begann. Falls in letzter Minute Änderungen notwendig wurden, zog er sich zur Beratung mit den Oberkommandierenden und dem Chef des Generalstabes in seinen Arbeitsraum zurück.

Besonders beeindruckt und sogar entsetzt waren alle, die Hitler damals kannten – vor allem, wenn sie ihn längere Zeit nicht mehr gesehen hatten –, über das Ausmaß seines äußerlich sichtbaren körperlichen Verfalls. Sein linker Arm hing kraftlos herab, und seine rechte Hand zitterte ständig. Sein Gang war das unsichere Schlurfen eines Greises. Er schien an Gleichgewichtsstörungen zu leiden und konnte nicht einmal die kurzen Entfernungen im Bunker bewältigen, ohne sich mehrmals hinzusetzen oder auf jemand zu stützen. Seit Jahren waren alle für ihn bestimmten Schriftstücke auf speziellen „Führer"-Schreibmaschinen mit besonders großen Buchstaben geschrieben worden; jetzt konnte er selbst diese Schrift nur noch mit einer starken Brille lesen.

Von einigen Historikern ist der Verdacht geäußert worden, Hitler habe seine körperlichen Gebrechen bewußt übertrieben, um dadurch eine Verbindung zu

Friedrich dem Großen herzustellen, dessen Gesundheitszustand sich während des Krieges sehr verschlechtert hatte. Die letzten Filmaufnahmen zeigen Hitler mit hochgeklapptem Mantelkragen und tief ins Gesicht gezogener Schirmmütze, aber offenbar keineswegs eingeschränkter Beweglichkeit. Sein tatsächlicher oder gespielter körperlicher Verfall war im übrigen keineswegs von einem geistigen Verfall begleitet. Hitler sprach undeutlich und schien oft Selbstgespräche zu führen, aber sein Verstand blieb klar, und sein Wille war so stark wie je zuvor.

Im April 1945 konnte Hitler die bevorstehende Schlacht um Berlin nicht länger ignorieren, aber ihm fehlten die Truppen, das Material und die Transportkapazitäten, die für den Aufbau einer starken Front an der Oder-Neiße-Linie notwendig gewesen wären. Zur Verteidigung des Abschnitts unmittelbar östlich von Berlin hatte die 9. Armee 14 Divisionen. Ihnen stand die 1. Weißrussische Front mit elf sowjetischen Armeen gegenüber, zu denen 77 Schützendivisionen, sieben Panzer- und Schnelle Korps, acht Artilleriedivisionen und zahlreiche Artillerie- und Raketenwerferbrigaden und -regimenter gehörten.

Die links neben der 9. Armee eingesetzte 3. Panzerarmee hatte elf Divisionen. Ihnen gegenüber stand die 2. Weißrussische Front mit acht Armeen, die aus 33 Schützendivisionen, vier Panzer- und Schnellen Korps, drei Artilleriedivisionen und vielen Artillerie- und Raketenwerferbrigaden und -regimentern bestand.

Die 1. Weißrussische Front hatte 3155 Panzer und Sturmgeschütze; bei der 2. Weißrussischen Front waren es 951, während die 9. Armee und die 3. Panzerarmee 512 beziehungsweise 242 hatten. Die 1. Weißrussische Front verfügte über 16943 Geschütze aller Kaliber, denen die 9. Armee lediglich 344 Geschütze und 300 bis 400 Flakgeschütze entgegenstellen konnte. Die Artillerie der 3. Panzerarmee bestand praktisch nur aus 600 bis 700 Flakgeschützen, während die 2. Weißrussische Front über 6642 Geschütze verfügte. Trotz äußerster Sparsamkeit konnten die beiden deutschen Armeen nicht im entferntesten die Treibstoff- und Munitionsmengen ansammeln, die für einen Großkampf erforderlich gewesen wären.

Am 11. April betrug der Munitionsvorrat im Abschnitt der Heeresgruppe Weichsel 0,9 Tagesraten. Die 1. und 2. Weißrussische Front hatten 3,2 beziehungsweise 1,9 Tagesraten für ihre erheblich stärkere Artillerie. Die 3. Panzerarmee und die 9. Armee hatten kaum noch Ähnlichkeit mit den Armeen, die sie im Jahre 1941 gewesen waren, als sie aus Polen durch das europäische Rußland bis vor die Tore Moskaus vorgestoßen waren. Die Namen waren als einzige unverändert geblieben; die Soldaten waren gefallen, zu Krüppeln geschossen oder in sowjetischer Kriegsgefangenschaft; ihr Material war in vier Wintern in den Sümpfen Weißrußlands und an den Ufern von Memel und Weichsel geblieben.

Hitler tat wenig, um diese Mängel auszugleichen. Er befahl, daß die Flakgeschütze, von denen die meisten aus Berlin abgezogen worden waren, ortsfest eingebaut werden sollten, um in Erdkämpfen eingesetzt werden zu können. Die Armeen bauten etwa 25 Kilometer hinter der Oderfront die Auffangstellung „Wotan“ aus. Hitler versprach Heinrici 100 000 Mann als Ersatz für die den Heeresgruppen Süd und Mitte unterstellten Panzerdivisionen. Tatsächlich schickte er ihm lediglich 35 000 infanteristisch unerfahrene Marine- und Luftwaffenangehörige.

Die deutsche Gesamtlage war zu verworren und ungewiß, als daß eine zusammenhängende Planung für den Fall, daß die eigene Front an den beiden Flüssen durchbrochen wurde, möglich gewesen wäre. Oberstes Ziel war lediglich die Verlängerung des Krieges mit allen Mitteln. Hitler hatte den Oberbefehl nie energischer geführt, und solange er lebte, konnte der Krieg nur durch eine totale Niederlage beendet werden – oder durch das Wunder, das er voraussagte.

„Für den Fall einer Unterbrechung der Landverbindung in Mitteldeutschland“ durch ein Zusammentreffen der westlichen Alliierten mit den Russen bestimmte Hitler am 15. April als Oberbefehlshaber im nördlichen Raum Großadmiral Dönitz und im südlichen Raum Generalfeldmarschall Kesselring. Durch die Bestimmung: „Die Tätigkeit des Oberbefehlshabers eines abgetrennten Raumes beginnt erst auf meinen besonderen Befehl ...“ bewahrte Hitler sich weitgehende Einflußmöglichkeiten; im übrigen galt die Einsetzung eines Oberbefehlshabers nur für den Raum, in dem Hitler nicht selbst anwesend war.

Am 11. April hatten deutsche Truppen ein Exemplar des SHAEF-Befehls „Eclipse“ erbeutet. „Eclipse“ war der Deckname für das Ende des deutschen Widerstandes, und der Befehl sollte dazu dienen, englischen und amerikanischen Kommandeuren

Richtlinien für die Bewältigung der bei Kriegsende zu erwartenden Schwierigkeiten an die Hand zu geben. Hitler erfuhr daraus die bisher streng geheime Aufteilung Deutschlands in Besatzungszonen. Der Gedanke, daß die Westmächte und die Sowjetunion sich in Mitteldeutschland feindselig gegenüberstehen würden, schien ihn fast mit Befriedigung zu erfüllen.

Am 15. April 1945 übertrug Hitler der Heeresgruppe Weichsel die Zuständigkeit für die Verteidigung Berlins. Bis dahin war ihm das Berliner Oberkommando direkt unterstellt gewesen, aber er hatte es ignoriert. Am Abend des 15. April nahm der Berliner Kommandeur, Reymann, an einer Besprechung teil, die für ihn sehr deprimierend gewesen sein muß. Auch Dr. Albert Speer, der Reichsminister für Bewaffnung und Munition, ehemals Hitlers Architekt, nahm daran teil. Speer befand sich auf einer Rundreise zu Frontkommandeuren, um die Generale dazu zu überreden, Hitlers „Nerobefehl" vom 19. März über „Zerstörungsmaßnahmen im Reichsgebiet", nicht auszuführen. Reymann hatte auf Anweisung von Goebbels, der zugleich Gauleiter von Berlin war, über die Reichshauptstadt verteilt Hunderte von Sprengladungen anbringen lassen. Speer setzte ihm auseinander, die Zerstörung von Brücken, Industriebetrieben und Versorgungsanlagen sei von äußerst zweifelhafter militärischer Wirksamkeit, während sie andererseits Hunger, Epidemien und einen wirtschaftlichen Zusammenbruch bewirken müsse, der vielleicht erst in Jahrzehnten überwunden werden könne. Heinrici war der gleichen Ansicht und fügte hinzu, die Heeresgruppe werde nicht in der Stadt kämpfen; falls ein Rückzug notwendig werde, sei vorgesehen, daß die 9. Armee beidseits der Stadt zurückgehe.

Anfang April hatten die Deutschen – abgesehen von der zu diesem Zeitpunkt offenkundigen Konzentration der 1. Weißrussischen Front östlich von Berlin – nur verschwommene und in einem wichtigen Punkt falsche Vorstellungen von der sowjetischen Kräfteverteilung und den Absichten des Gegners. Hitler und der Oberbefehlshaber der Heeresgruppe Mitte, Schörner, der sich darin an dem Führer orientierte, waren Ende März davon überzeugt, daß die Russen sich für die sogenannte Schukow-Lösung *und* die Stalin-Lösung entscheiden würden, die Hitler seit Anfang März zu kennen glaubte: daß sie versuchen würden, Berlin und Prag gleichzeitig zu erobern.

Anfang April verlor der deutsche Nachrichtendienst die sowjetische 3. Garde-Panzerarmee aus den Augen und vermutete sie östlich von Bunzlau, wo sie hätte stehen müssen, wenn sie den Auftrag gehabt hätte, nach Süden in Richtung Zittau anzugreifen, durch die Lücke zwischen Erzgebirge und Riesengebirge hindurchzustoßen und Prag zu nehmen. Am 10. April meldete Schörner, der vor fünf Tagen als erster deutscher General seit Friedrich Paulus in Stalingrad zum Generalfeldmarschall befördert worden war, seinem Obersten Befehlshaber: „Der Schwerpunkt des feindlichen Angriffs dürfte zwischen Görlitz und Löwenberg liegen" (südwestlich von Bunzlau).

In seinem am 13. April erstatteten Bericht wollte der deutsche Nachrichtendienst sich nicht eindeutig zu dem voraussichtlichen Angriffsschwerpunkt des

Gegners äußern, gelangte aber im wesentlichen zu dem gleichen Ergebnis – daß der Schwerpunkt der 1. Ukrainischen Front sich nordöstlich des Raumes Görlitz-Löwenberg befinde. Als die sowjetische Offensive losbrach, stand die Hälfte von Schörners Reserven – zwei Panzerdivisionen – 80 Kilometer südöstlich der russischen Hauptstoßrichtung.

Am 11. April wies Hitler Heinrici an, seine Heeresgruppe in dieser oder der folgenden Nacht die vorgeschobenen Abwehrstellungen beziehen zu lassen. Die Amerikaner hatten an diesem Tag Magdeburg erreicht, und Hitler vermutete, daß die Russen angreifen würden, selbst wenn ihre Vorbereitungen noch nicht abgeschlossen waren, um sich ihren Teil von Deutschland zu sichern. Da Hitler inzwischen den „Eclipse"-Befehl kannte, erwartete – oder hoffte – er anscheinend, daß das Auftauchen der Amerikaner in der vorgesehenen sowjetischen Besatzungszone zu Auseinandersetzungen über den russischen Anteil führen würde.

Am 12. April erklärte General Hans Krebs dem Stabschef der Heeresgruppe Weichsel, der Führer sei überzeugt, daß die Heeresgruppe einen „kolossalen" Sieg erringen werde, denn nirgends in Deutschland sei eine Front so stark verteidigt oder so reichlich mit Munition versorgt. Der Chef des Stabes antwortete, der Führer solle auch die Stärke des Gegners berücksichtigen und müsse sich darüber im klaren sein, daß die Munitionsbestände der Heeresgruppe keinesfalls für den zu erwartenden langen Kampf ausreichen würden und daß die Treibstofflage bereits prekär sei.

Zwei Tage später, am 14. April, versuchten fünf sowjetische Divisionen und 200 Panzer vergeblich die Seelower Höhen westlich von Küstrin zu stürmen. Als der russische Angriff am nächsten Tag nicht wiederholt wurde, glaubte Heinrici, auch die eigentliche sowjetische Offensive sei zunächst verschoben worden. Er überlegte, ob er die Truppe aus der Hauptkampflinie in die ursprüngliche Front zurücknehmen solle, ließ sie dann aber doch vorn, weil der Angriff am Vortag gezeigt hatte, daß die Truppe sich an die Hauptkampflinie „klammerte“ und diesen Rückhalt dringend brauchte.

Am 14. April 1945 wandte Hitler sich mit einem letzten Tagesbefehl an die im Osten kämpfende Truppe:

„Soldaten der Deutschen Ostfront!

Zum letzten Mal ist der jüdisch-bolschewistische Todfeind mit seinen Massen zum Angriff angetreten. Er versucht, Deutschland zu zertrümmern und unser Volk auszurotten. Ihr Soldaten aus dem Osten wißt zu einem hohen Teil bereits selbst, welches Schicksal vor allem den deutschen Frauen, Mädchen und Kindern droht. Während die alten Männer und Kinder ermordet werden, werden Frauen und Mädchen zu Kasernenhuren erniedrigt.

Wir haben diesen Stoß vorhergesehen und es ist seit dem Januar dieses Jahres alles geschehen, um eine starke Front aufzubauen ...

Der Bolschewist wird dieses Mal das alte Schicksal Asiens erleben, d.h., er muß und wird vor der Hauptstadt des Deutschen Reiches verbluten.

Wer in diesem Augenblick seine Pflicht nicht erfüllt, handelt als Verräter an unserem Volk ...

Achtet vor allem auf die verräterischen wenigen Offiziere und Soldaten, die um ihr erbärmliches Leben zu sichern, im russischen Solde vielleicht sogar in deutscher Uniform gegen uns kämpfen werden. Wer Euch Befehle zum Rückzug gibt, ohne das Ihr ihn genau kennt, ist sofort festzunehmen und nötigenfalls augenblicklich umzulegen, ganz gleich, welchen Rang er besitzt ...

Wenn in diesen kommenden Tagen und Wochen jeder Soldat an der Ostfront seine Pflicht erfüllt, wird der letzte Ansturm Asiens zerbrechen, genau so wie am Ende auch der Einbruch unserer Gegner im Westen trotz allem scheitern wird.

Berlin bleibt deutsch, Wien wird wieder deutsch und Europa wird niemals russisch.

Bildet eine verschworene Gemeinschaft zur Verteidigung nicht des leeren Begriffes eines Vaterlandes, sondern zur Verteidigung Eurer Heimat, Eurer Frauen, Eurer Kinder und damit unserer Zukunft ...

Im Augenblick, in dem das Schicksal den größten Kriegsverbrecher aller Zeiten* von dieser Erde weggenommen hat, wird sich die Wende dieses Krieges entscheiden.

gez. Adolf Hitler"

* Roosevelt (Anmerkung des Übersetzers)

Die Verwundeten warten auf ihren Abtransport, die Gesunden marschieren ins Kriegsgefangenenlager

Gestern noch der Stolz, heute in Rinnstein und Abfalltonne

Die Schlacht an der Oder

Im Krieg gewöhnt der Mensch sich an alles. Die Russen standen 60 Kilometer vor Berlin, aber dort waren sie bereits seit Ende Januar, und ihre Gegenwart war allmählich zu einem Bestandteil des Berliner Alltags geworden – wie die nächtlichen Angriffe englischer Liberator-Bomber, die weniger häufigen, aber beängstigenderen Tagesangriffe amerikanischer B-17, das Leben in Luftschutzkellern und die Ungewißheit, ob man schon beim nächsten Angriff ausgebombt werden oder gar den Tod finden würde. Goebbels ließ im Rundfunk Meldungen über russische Greueltaten verbreiten, zu denen auch ein vieldiskutierter Bericht einer aus Ostpreußen Geflüchteten gehörte, die behauptete, *genau* 24mal vergewaltigt worden zu sein. Die Berliner waren entschlossen, sich nicht widerstandslos in ihr Schicksal zu fügen, aber im Augenblick gab es für sie nichts Schlimmeres als den Tod. „Lieber Russen auf dem Bauch als amerikanische Bomben auf den Kopf“, hieß es in den Luftschutzkellern.

Das deutsche Oberkommando lag der Front jetzt näher, als früher für das Hauptquartier einer Heeresgruppe angemessen gegolten hätte; trotzdem waren Tag für Tag Autokolonnen zwischen den in Berlin und seinen Außenbezirken verteilten Kommandostellen und der Reichskanzlei unterwegs. Bis auf Hitlers häufig ausschweifende Monologe, die größtenteils nichts mit der aktuellen Lage zu tun hatten, wurden die Diskussionen auf streng professioneller Ebene geführt, die uns angesichts der behandelten Themen als beinahe komisch irrational erscheint.

Beispielsweise meldete Dönitz am 4. April Hitler, welche Verluste die Kriegsmarine durch die feindlichen Bombenangriffe der letzten fünf Tage erlitten hatte: 24 U-Boote waren auf Werften und in Häfen zerstört worden; das Panzerschiff *Admiral Scheer* war gekentert; der Schwere Kreuzer *Admiral Hipper* war in Brand geraten, und der Kleine Kreuzer *Emden* hatte Beschädigungen erlitten. Dönitz fügte hinzu, in letzter Zeit seien die Verluste der Kriegsmarine fast ausschließlich in Häfen eingetreten. Hitler erinnerte ihn daran – möglicherweise mit gewisser Ironie –, daß auch die früheren Verluste der Marine hauptsächlich durch feindliche Luftangriffe entstanden seien. Damit endete die Diskussion.

Aber der Krieg ging weiter. Die Stunde der Entscheidung war nahe, wie alle Beteiligten recht gut wußten. In der zweiten Aprilwoche erschien im Führerbunker ein neues Gesicht, das selbst einigen Männern aus Hitlers Umgebung neu war. Eva Braun, deren Verhältnis mit Hitler so geschickt geheimgehalten worden war, daß die näheren Umstände noch heute unbekannt sind, war aus dem verhältnismäßig sicheren München nach Berlin gekommen, um Hitlers Schicksal mit ihm zu teilen.

Sie war recht hübsch, ohne eine Schönheit zu sein, liebenswürdig, aber keineswegs intelligent, und entsprach durchaus nicht dem Bild, das man sich von der Geliebten eines großen Mannes zu machen pflegt. Und der Grund ihres Kommens schien weder wahre Liebe noch ein Sinn für dramatische Wirkungen zu sein. Obwohl sie einen Selbstmordversuch unternommen und mehrere andere angedroht hatte, obwohl sie durch ihre Gewinnbeteiligung am Verkauf von Hitler-Fotografien wohlhabend geworden war, blieb Eva Braun, was sie immer gewesen war: eine deutsche Kleinbürgerin mit starker persönlicher Sehnsucht nach Ehrbarkeit und einer Schulmädchenloyalität Hitler gegenüber – nicht als Liebhaber, sondern als Führer. Offenbar wirkte beides zusammen, um sie nach Berlin zu führen.

Heinrich Hoffmann, der als Hitlers Leibfotograf ihr Geschäftspartner war, stellte sie die rhetorische Frage: „Was würden die Leute sagen, wenn ich ihn jetzt in schwerer Zeit im Stich ließe?“ Jedenfalls bewies sie damit eine Treue wie nur einer von Hitlers Vertrauten: Goebbels.

Die Wartezeit ging in den Morgenstunden des 16. April zu Ende. Die 1. Weißrussische Front eröffnete ihre Offensive vor Tagesanbruch, und die 1. Ukrainische Front trat bei Sonnenaufgang zum Angriff an. Die erheblich stärkere 1. Weißrussische Front hatte auch den bei weitem schwierigeren Auftrag. Ihre Hauptstreitmacht, die im Raum Wriezen-Seelow angreifen sollte, mußte das sumpfige Gelände zwischen Oder und Alter Oder überqueren, um die Seelower Höhen, einen Höhenzug 20 Kilometer westlich des Flusses, zu stürmen.

Der Angriff begann bei Dunkelheit, um den Angreifern das Überraschungsmoment zu sichern, und die Russen hatten Flakscheinwerferbatterien herangeschafft, um die deutsche Front zu beleuchten und die Verteidiger zu blenden. Nach gewaltiger Artillerievorbereitung trat die Infanterie zum Sturm an, aber die Scheinwerfer wirkten nicht wie vorgesehen. Sie beleuchteten Nebelschwaden und Sprengwolken, ohne das Schlachtfeld wirklich zu erhellen. In Schlamm, Rauch und Dunkelheit liefen die sowjetischen Angriffswellen aufeinander auf. Bei Tagesanbruch erreichte die Verwirrung auf russischer Seite ihren Höhepunkt. Die Russen konnten von Glück sagen, daß die nervösen und abgelenkten Deutschen nicht mitbekamen, was auf der Gegenseite passierte, und ihnen Zeit ließen, die entstandene Verwirrung zu beseitigen.

Im Laufe des Tages warf Sokolowski – offenbar auf Befehl Stalins – die 1. und 2. Garde-Panzerarmee in den Kampf, was taktisch zwecklos war, da die deutsche Front bisher an keiner Stelle durchbrochen war, aber das Durcheinander noch vergrößerte, als die Panzer vorzustoßen versuchten. Abends lagen die Divisionen, die morgens mit wehenden Fahnen angegriffen hatten, ohne Ausnahme vor der deutschen Hauptkampflinie fest, und der Mißerfolg dieses Angriffstages wurde dadurch vervollständigt, daß auch die Flügel der 1. Weißrussischen Front kaum vorangekommen waren. Auf seiner berühmten Siegespressekonferenz im Juni 1945 meinte Schukow dann auch einschränkend: „Es war eine interessante und lehrreiche Schlacht – vor allem in bezug auf das Vormarschtempo und die Technik des Nachtkampfes in dieser Größenordnung."

Tatsächlich war der erste sowjetische Ansturm auf einer 30 Kilometer breiten Front kläglich liegengeblieben. Aber während die Russen sich Fehler leisten konnten, mußten die Deutschen für ihre Fehler büßen. In dem von der 4. Panzerarmee auf Schörners linkem Flügel gehaltenen Abschnitt überschritt Konjews Infanterie zwischen Muskau und Forst sowie nördlich von Görlitz die Neiße und stieß am ersten Tag bis zu zehn Kilometer vor, während Schörners aus zwei Panzerdivisionen bestehende Reserve 80 Kilometer südlicher stand.

Nachdem die 3. und 5. Stoßarmee und die 8. Garde-Schützenarmee auch am Morgen des zweiten Angriffstages nicht vorankamen, warf Sokolowski die 47. Schützenarmee aus seiner Reserve und beide Panzerarmeen in den Kampf und bildete Angriffsschwerpunkte südöstlich von Wriezen und bei Seelow. Aber die beiden deutschen Reserve-Panzerdivisionen trafen trotz russischer Luftangriffe auf dem Marsch rechtzeitig ein, um zu verhindern, daß die Angreifer mehr als unbedeutende Geländegewinne erzielten. Am Abend des zweiten Tages war der Marsch auf Berlin noch immer nicht aus den sumpfigen Oderniederungen herausgekommen.

Am 18. April konzentrierte Sokolowski seine Panzer und erzielte 15 bis 20 Kilometer südlich von Wriezen und südwestlich von Seelow Einbrüche, aber der deutschen 9. Armee gelang es, auch an diesem Tag eine geschlossene Front zu halten. Heinrici meldete jedoch, die Schlacht nähere sich dem entscheidenden Stadium und werde bald entschieden sein.

Die Russen machten größte Anstrengungen, warfen Nachschubeinheiten in den Kampf und drohten jedem Soldaten, der sich weigerte, einen Angriffsbefehl prompt auszuführen, die Todesstrafe an. Diese Drohung war in den Jahren seit 1942 nicht mehr oft notwendig gewesen, und auf der anderen Seite kämpften die Deutschen nicht so gut wie in vielen früheren Schlachten.

Wie die offizielle sowjetische Geschichtsschreibung berichtet, hatte Schukow den Angriffsplan bereits am 17. April abgeändert und Konjews 3. und 4. Garde-Panzerarmee befohlen, sofort nach dem Durchbruch nach Berlin vorzustoßen. Außerdem hatte er die bisher nicht eingesetzte 2. Weißrussische Front angewiesen, nach Südwesten statt nach Nordwesten anzugreifen, damit sie Berlin von Norden her einschließen konnte, falls die Offensive der 1. Weißrussischen Front zum Stehen gebracht wurde.

Am Abend des dritten Tages stand Konjews nördliche Angriffsspitze nördlich und südlich von Spremberg an der Spree und hatte den Fluß im Süden der Stadt bereits überschritten. Seine südliche Angriffsspitze stand vor Bautzen. Auch Schörner meldete, in seinem Abschnitt stehe die Schlacht vor ihrer entscheidenden Phase. Er glaubte, die Russen seien durch ihre schweren Verluste in ihrer Angriffskraft geschwächt, und wollte am nächsten Tag mit seinen letzten Reserven an Menschen und Material zu Gegenangriffen antreten.

Im Führerbunker war der 18. April ein Tag voller Optimismus. Bei seiner in den frühen Morgenstunden stattfindenden Lagebesprechung vertrat Hitler die Ansicht, die sowjetische Offensive gegen die 4.

Panzerarmee in Schörners Front habe sich „im wesentlichen“ festgelaufen. Dönitz’ Adjutant hielt fest, die hoffnungsvollen Stimmen seien laut gewesen. Soviel er jedoch feststellen konnte, schien dieser Optimismus zum größten Teil auf einem vor kurzem von Keitel erfundenen Prinzip zu beruhen, das besagte, Offensiven blieben unweigerlich liegen, wenn nicht bis zum dritten Tag ein Durchbruch erzielt sei. Hitler erklärte Generaloberst Karl Hilpert, dem Oberbefehlshaber der Heeresgruppe Kurland, der an diesem Tag nach Berlin kam, seine Heeresgruppe müsse aushalten, „bis die Wende, die es in jedem Krieg gegeben hat, eingetreten ist“.

Am nächsten Tag stieß der südliche Angriffskeil der Masse der 1. Weißrussischen Front bis nach Müncheberg vor und stand damit 35 Kilometer östlich von Berlin. Der nördliche Angriffskeil, dessen Spitze die 2. Garde-Panzerarmee bildete, brach westlich von Wriezen durch. Er hätte schneller und weiter vorstoßen können, aber die zur Flankensicherung vorgesehenen Einheiten mußten erst aus dem Brückenkopf herangeführt werden. Hitler, der entschlossen war, die Schlacht um Berlin an der Front der 9. Armee zu führen, erteilte Heinrici die Vollmacht, alle kampftauglichen Soldaten aus Berlin abzuziehen.

Unterdessen überschritten Konjews Panzer nördlich und südlich von Spremberg die Spree, was dem geänderten Angriffsplan entsprach. Südlich von Spremberg hielt die 4. Panzerarmee weiterhin Überreste einer Front; nördlich der Stadt hatte die Masse der 3. Garde-Panzerarmee bereits die Spree überschritten. Schörner meldete, er habe die „Hoffnung“,

Konjews südlichen Vorstoß nach Bautzen aufhalten zu können. Er wollte erneut versuchen, die Front im Norden zu schließen, mußte aber zugeben, daß die mühsam aufgebaute Raumverteidigung nur an wenigen Stellen das geleistet habe, was man von ihr habe erwarten müssen.

Am 20. April, Hitlers Geburtstag, ging die Schlacht um Berlin verloren. Die 3. und 4. Garde-Panzerarmee lösten sich von der Flanke der Heeresgruppe Mitte; ihre Panzerspitzen stießen bis zum Abend nördlich an Jüterbog mit dem größten deutschen Munitionslager vorbei und erreichten die vorgeschobenen deutschen Stellungen 15 Kilometer südlich von Zossen. Die 2. Weißrussische Front schloß sich der Offensive im Laufe des Tages an, griff im Schutz von Rauchvorhängen auf fast ganzer Frontbreite zwischen Stettin und Schwedt über die Oder hinweg an und erkämpfte sich mehrere Brückenköpfe. Nördlich von Berlin erreichte die 2. Garde-Panzerarmee Bernau an der Autobahn Berlin-Stettin und war damit bis auf 15 Kilometer an die Reichshauptstadt herangekommen. Der Südflügel der Hauptstreitmacht der 1. Weißrussischen Front kam noch immer nicht recht voran, aber es gelang ihm, einen Angriffskeil an Müncheberg vorbei nach Fürstenwalde im Rücken der deutschen 9. Armee zu entsenden.

Busse, der Oberbefehlshaber der 9. Armee, meldete am Morgen des 20. April, daß er nur dann eine starke Front östlich von Berlin aufbauen könne, wenn er bei Frankfurt und südlich davon von der Oder zurückgehen dürfe. Von Hitler kam bis zum Spätnachmittag keine Antwort. Dann rief Krebs Heinrici an, um ihm mitzuteilen, Hitler bezweifle, daß die Truppen, vor allem aber die schweren Flakgeschütze, von der Oder zurückgebracht werden könnten, und wolle selbst mit ihm sprechen, bevor er seine Entscheidung treffe. Der Stabschef der Heeresgruppe antwortete, Heinrici sei an der Front unterwegs, und fügte hinzu, er könne keine Verantwortung für die weitere Entwicklung der Lage übernehmen, wenn der Rückzugsbefehl für die 9. Armee nicht bald erteilt werde.

Unterdessen standen die Russen schon vor Fürstenwalde. In der ersten Nachthälfte versuchte Hitler durch telefonisch erteilte Befehle, die von Krebs und der Operationsabteilung im Generalstab des Heeres weitergegeben wurden, mit Divisionen zu jonglieren, die Russen bei Bernau und Fürstenwalde aufzuhalten.

Um 0.30 Uhr kam Heinrici in sein Hauptquartier zurück, rief Krebs an und teilte ihm mit, Hitler habe der Heeresgruppe jetzt befohlen, überall zu halten und gleichzeitig Truppen abzuziehen, um die gefährdeten Flanken zu schützen. Er war davon überzeugt, daß diese Aufträge nicht ausgeführt werden könnten und „niemals Erfolg haben“ würden. Heinrici hatte die Absicht, dem Führer Meldung zu erstatten und um seine Ablösung und die Erlaubnis zu bitten, mit einem Gewehr in der Hand dem Feind entgegenzutreten.

Die Einschließung Berlins

Hitlers Geburstag wurde mit weniger Aufwand als früher, aber trotzdem festlicher gefeiert, als es dem Zustand des Deutschen Reiches entsprochen hätte. Am Abend des 19. April, dem Vorabend des Geburtstags, hielt Goebbels wie in den vergangenen zwölf Jahren die Geburtstagsrede im Rundfunk und beendete sie wie alle vorigen mit dem lauten Ausruf: „Unser Hitler!“ Die Rede selbst bestand in der Hauptsache aus einem Mischmasch aus Entschuldigungen, Anklagen und Hinweisen auf „das Werk des Teufels“, „satanische Mächte“ und „die perverse Koalition von Plutokratie und Bolschewismus“. Am Nachmittag des 20. April fand im Führerbunker eine Gratulationscour bei Hitler statt. Bei dieser Gelegenheit waren die meisten Größen des Dritten Reiches zum letztenmal versammelt: Himmler, Göring, Ribbentrop, Speer und Dönitz, aber natürlich auch Goebbels, Bormann, Keitel, Jodl und Krebs. Mussolini übermittelte telegrafisch beste Wünsche. Hitler war zuversichtlich und liebenswürdig. Er sagte voraus, die Russen würden vor Berlin ihre blutigste Niederlage erleiden; er schüttelte allen Anwesenden die Hand und unterhielt sich mit ihnen.

Zu den Anwesenden gehörte auch Generaloberst Karl Koller, der Chef des Stabes der Luftwaffe, ein nüchterner, gewissenhafter Offizier. Als die nachmittägliche Lagebesprechung endlich begann, gab er bekannt, daß die aus Berlin nach Süden führenden Straßen voraussichtlich nicht mehr lange benutzbar seien. Wer in den Südraum ausweichen wolle, müsse noch in dieser Nacht mit dem Auto abfahren. Die Luftwaffe konnte keine Maschinen für Auszufliegende zur Verfügung stellen; außerdem wären Flüge zu gefährlich gewesen. Aus der Geburtstagsfeier wurde nun also auch ein Abschied. Wer sich auf Grund seiner Stellung erlauben konnte, Hitler einen Rat zu erteilen, ohne dazu aufgefordert worden zu sein, riet ihm dringend, Berlin ebenfalls zu verlassen. Aber Hitler weigerte sich und ließ anklingen, er brauche noch etwas Zeit, um sich zu entscheiden.

Er muß sich darüber im klaren gewesen sein, daß es aus rein technischen Gründen bald äußerst schwierig, wenn nicht gar unmöglich sein würde, den Krieg von Berlin aus zu führen. Die Russen standen vor dem Heeresnachrichtenzentrum Zossen, das schon in nächster Zeit fallen konnte. Die einzigen vergleichbaren Einrichtungen in Deutschland existierten in Hitlers Berghof bei Berchtesgaden. Dort hatte Hitler während des Krieges jedes Jahr mit Eva Braun Urlaub gemacht – meistens im März und April –, und die dortigen Fernmeldeeinrichtungen waren ausgezeichnet. Der Berghof und die Anlagen am Fuß des Obersalzbergs waren noch intakt und wurden durch Batterien von Raucherzeugern vor alliierten Luftangriffen geschützt. Hitler hatte Ende März angedeutet, er halte den Berghof für das beste Ausweichquartier, falls Zossen ausgebombt oder vom Gegner besetzt werde.

In der Nacht zum 21. April brach General August Winter, Jodls Stellvertreter, der als Chef des Stabes im Befehlsstab B (für den Südraum) vorgesehen war, mit einer Kraftwagenkolonne auf und nahm die wichtigsten Offiziere aus Wehrmachts- und Heeresführungsstab mit. Göring, der ebenfalls nach Süden wollte, fuhr nach Mitternacht ab, nachdem er einige Stunden in öffentlichen Luftschutzbunkern hatte zubringen müssen, wo er zum letztenmal Gelegenheit gehabt hatte, die Berliner zum Lachen zu bringen, indem er sie daran erinnerte, daß er einmal in einer Rede behauptet hatte, er wolle Meier heißen, wenn auch nur eine einzige Bombe auf Berlin falle. Die Menschen in benachbarten Kellern hatten ihn ebenfalls zu sich eingeladen, und Göring hatte auch sie besucht. So wurde es halb drei Uhr, bevor sein Wagen mit quietschenden Reifen in den Gebäudekomplex der Luftwaffe in Wildpark-Werder einfuhr. Eine halbe Stunde später verließ Göring das Hauptquartier an der Spitze einer Wagenkolonne, ohne sich von irgend jemand verabschiedet oder Anweisungen für den Chef des Stabes der Luftwaffe, Koller, zurückgelassen zu haben.

Auch andere verließen Berlin in dieser Nacht. Schon am Nachmittag hatte Hitler Dönitz alle Vollmachten für die Ausschöpfung des gesamten Kriegspotentials im Nordraum erteilt, ohne ihm jedoch auch die alleinige Befehlsgewalt zu übertragen. Dönitz fuhr ab, um in Plön – südöstlich von Kiel – den Befehlsstab A aufzubauen. Himmler gehörte ebenfalls zu den Männern, die in dieser Nacht Berlin verließen. Am nächsten Morgen war er in Hohenlychen, wo er mit Graf Bernadotte vom schwedischen Roten Kreuz wegen eines separaten Waffenstillstandes mit den Engländern und Amerikanern verhandelte.

Nachdem Koller die hastige Abfahrt des Reichsmarschalls beobachtet hatte, konnte er nur wenige Stunden schlafen, bevor er ans Telefon geholt wurde. Am Apparat war Hitler, der sich erkundigte, ob Koller die in Berlin detonierenden Granaten gehört habe. Der Generaloberst erklärte ihm, das sei schlecht möglich, weil er sich in einem der westlichen Vororte befinde. Hitler behauptete, die Russen schössen mit Eisenbahngeschützen – und hätten folglich eine Brücke über die Oder gebaut.

Tatsächlich beschoß russische Artillerie schon seit dem 19. April Berliner Vorstädte, aber noch nicht die Innenstadt, in der Hitler sich befand. Koller hatte eine Idee: Er rief den Flakturm im Tiergarten unweit des Führerbunkers an. Von ihrer 30 Meter hohen Stahlbetonplattform konnten die Geschützbedienungen jetzt die ganze Stadt überblicken, seitdem die meisten Gebäude nach Luftangriffen in Trümmern lagen. Die Flakbedienungen meldeten, sie hätten beobachten können, wie die russischen Geschütze nach Tagesanbruch in etwa elf Kilometer Entfernung von der Stadtmitte in Stellung gegangen seien. (Tatsächlich muß die Entfernung größer gewesen sein, weil die Russen noch nicht innerhalb des äußeren Berliner Verteidigungsringes standen.) Bei den sowjetischen Geschützen sollte es sich um 10-cm-, höchstens 12-cm-Geschütze handeln, die vom Flakturm aus mit der deutschen 12,8-cm-Flak bekämpft wurden. Hitler weigerte sich, das zu glauben, als Koller ihm Bericht erstattete.

Im Führerbunker brachte der neue Tag einen leichten Hoffnungsschimmer: Die 4. Panzerarmee erzielte bei einem Gegenangriff nordwestlich von Görlitz einige Geländegewinne. Hitler sah darin den Beginn eines mit starken Kräften geführten Vorstoßes, der die 65 Kilometer breite Lücke zwischen den Heeresgruppen Weichsel und Mitte schließen würde.

Diese Illusion veranlaßte ihn zu einem „Grundsatzbefehl“, den Krebs der Heeresgruppe Weichsel nachmittags telefonisch übermittelte. Durch den „erfolgreichen“ Angriff der Heeresgruppe Mitte werde die Frontlücke bei Spremberg bald geschlossen werden; deshalb sei es „unter allen Umständen erforderlich“, den Eckpfeiler Cottbus zu halten. (Am Vortag hatte die 9. Armee den Befehl über das linke Flügelkorps der 4. Panzerarmee übernommen, das im Raum Cottbus im Norden der Frontlücke stand.)

Die 9. Armee würde eine nach Westen gerichtete Front zwischen Königswusterhausen und Cottbus errichten und nach Westen in die Flanke der aus Süden in Richtung Berlin angreifenden russischen Kräfte hineinstoßen. Steiner würde eine Operation mit dem Ziel befehligen, die Front nördlich von Berlin entlang der Autobahn Berlin-Stettin zu schließen. Die 3. Panzerarmee sollte „sämtliche Brückenköpfe an der Oder“ beseitigen und Vorbereitungen für einen Angriff nach Süden treffen. Reymann, der als Kommandant von Berlin abgelöst worden war, sollte den Oberbefehl an der Front südlich von Berlin übernehmen.

Anfangs wußte niemand recht, wo Steiner steckte, denn für ihn hatte es seit der Stargarder Offensive keine Verwendung mehr gegeben. Für Koller bedeutete das die zweite hektische Telefonkampagne dieses Tages. Hitler rief ihn an und verlangte, er solle alle felddienstfähigen Luftwaffensoldaten, darunter auch „eine Division“, die angeblich Görings Leibwache in Karinhall gewesen war, sofort zu Steiner in Marsch setzen. Aber Koller bemühte sich zunächst vergeblich, Steiners Aufenthaltsort herauszubekommen. Heinrici hatte dem Stab von Steiners III. SS-Panzerkorps, das zunächst noch keine eigenen Einheiten besaß, den Auftrag erteilt, genügend Truppen zusammenzukratzen, um damit den Flankenschutz der 3. Panzerarmee im Süden am Finowkanal zu übernehmen.

In dem nachmittags an Steiner hinausgehenden Befehl unterstellte Hitler ihm eine Armeeabteilung (mehr als ein Korps, aber nicht ganz eine Armee) mit der 4. SS-Polizeidivision, der 5. Jägerdivision und der 25. Panzergrenadierdivision, die alle nördlich des Finowkanals standen, sowie dem LVI. Panzerkorps, das zu diesem Zeitpunkt östlich von Berlin und südlich von Werneuchen stand. Mit den drei Divisionen sollte Steiner von Eberswalde am Finowkanal, 25 Kilometer nordöstlich von Berlin, nach Süden vorstoßen, um die Frontlücke zum LVI. Panzerkorps zu schließen.

Hitler ergänzte diese taktischen Weisungen durch den Befehl, Offiziere, die seinen Anordnungen nicht bedingunglos gehorchten, seien zu verhaften und augenblicklich zu erschießen; Steiner hafte ihm mit seinem Kopf für die prompte Durchführung seiner Befehle. Hitler versuchte, Terror zum Mittel der Befehlsgebung zu machen. So erklärte er Koller, jeder Kommandeur, der Einheiten zurückhalte, anstatt sie wie befohlen an Steiner abzugeben, habe innerhalb von fünf Stunden sein Leben verwirkt.

Sobald Steiner seinen Einsatzbefehl erhalten hatte, rief er das Hauptquartier der Heeresgruppe an, um zu melden, daß er nicht durchführbar sei. Die 4. SS-Polizeidivision bestand lediglich aus zwei unzulänglich bewaffneten und ausgerüsteten Bataillonen. Die 5. Jäger- und 25. Panzergrenadierdivision waren an der Front eingesetzt und konnten erst herausgezogen werden, wenn die 2. Marinedivision von der Küste eintraf, um sie abzulösen.

Als Krebs dem Hauptquartier der Heeresgruppe Weichsel telefonisch eine Zusammenfassung der Steiner erteilten Befehle übermittelte, forderte Heinrici ihn auf, bei Hitler auf eine Zurücknahme der 9. Armee zu drängen, die eingeschlossen zu werden drohe und sich schon nicht mehr nach Berlin zurückziehen könne, sondern einen Bogen um die Seenkette südlich von Berlin machen müsse. Falls Hitler auf der Ausführung seiner bisherigen Befehle bestehe, wollte Heinrici abgelöst werden, weil er sie nicht ausführen und nicht mit seinem Gewissen und seiner Verantwortung seinen Soldaten gegenüber vereinbaren könne. Krebs antwortete, der Führer trage die Verantwortung für seine Befehle selbst.

Am 21. April stieß die 2. Garde-Panzerarmee nördlich von Berlin über 45 Kilometer weit vor, und ein Angriff südwestlich von Werneuchen drang bis zum äußeren Berliner Verteidigungsring durch. Nördlich des Großen Müggelsees, im Südosten der Reichshauptstadt, erreichten die 1. Garde-Panzerarmee und die 8. Garde-Schützenarmee ebenfalls den äußeren Verteidigungsgürtel. Die 9. Armee beobachtete eine Kräftekonzentration an ihrer Nordflanke zwischen dem Großen Müggelsee und Fürstenwalde, aber die Russen setzten ihren Angriff an diesem Tag nicht weiter nach Südwesten fort, um die 9. Armee von Berlin abzuschneiden. Im Rücken der 9. Armee erreichten die Angriffsspitzen der 3. Garde-Panzerarmee Königswusterhausen, zehn Kilometer südlich von Berlin.

Die sowjetischen Truppen hatten am 21. April den Auftrag, in erster Linie die Einschließung Berlins zu beenden und erst in zweiter die 9. Armee einzukesseln. Nördlich der Reichshauptstadt kamen die beiden zur Flankensicherung eingesetzten Armeen endlich rasch genug voran, um ihre Aufgabe erfüllen zu können, und Sokolowski befahl der 2. Garde-Panzerarmee und der 47. Schützenarmee, sich auf die Einschließung Berlins zu konzentrieren.

Bei der Annäherung an Berlin waren die 1. Garde-Panzerarmee und die 8. Garde-Schützenarmee langsamer geworden und vor dem äußeren Verteidigungsring fast zum Stehen gekommen, wodurch die Einkesselung der 9. Armee südwestlich der Linie Großer Müggelsee-Fürstenwalde aufgehalten wurde. Die russischen Soldaten hatten offenbar keinen Ehrgeiz, sich in letzter Minute mit blutig errungenem Siegeslorbeer zu schmücken.

Die beiden Armeen der 1. Weißrussischen Front im

Frankfurter Brückenkopf hatten bisher nichts erreicht. Am 21. April hatte ihr ursprünglicher Auftrag sich erledigt, so daß sie jetzt mit zur Einkesselung der 9. Armee verwendet werden konnten. Der schnelle Vormarsch der 3. Garde-Panzerarmee und der 13. Schützenarmee hatte die Einschließungsfront hinter der 9. Armee geschwächt und die beiden russischen Armeen nach Osten abgelenkt. Am 21. April setzte Konjew die 28. Schützenarmee aus seiner Reserve ein: Sie übernahm einen Teil der Front gegenüber der 9. Armee, so daß die 3. Garde-Panzerarmee und die 13. Schützenarmee wieder von Süden nach Berlin vorstoßen konnten, während die 4. Garde-Panzerarmee in Richtung Potsdam angriff.

Am Nachmittag des 22. April um 13 Uhr klingelte Kollers Telefon zum Führerbunker erneut. Am Apparat war der Verbindungsoffizier der Luftwaffe, General Eckhardt Christian. Hitler wollte wissen, ob Steiner angegriffen habe. Dabei hatte Koller selbst genügend Probleme: Die deutsche Front war nachts nach Nordwesten hinter die Havel zurückverlegt worden, so daß sein Hauptquartier sich jetzt auf der Feindseite der Front befand. Koller, dem nach wie vor das weitgespannte Fernmeldenetz der Luftwaffe zur Verfügung stand, führte einige Telefongespräche und bekam bald heraus, daß Steiner den Angriff „vorbereitete", aber noch nicht angegriffen hatte. Als er diese Tatsache dem Führerbunker meldete, brach eine Lawine von Behauptungen und Fragen über ihn herein. Das Heer hatte gemeldet, Steiner sei zum Angriff angetreten. Himmler wußte „bestimmt", daß Steiner angegriffen habe. Warum konnte die Luftwaffe nicht ein Flugzeug losschicken, um feststellen zu lassen, was wirklich geschah?

Koller lehnte mit der Begründung ab, der Pilot könne nicht wissen, wonach er Ausschau zu halten habe – außerdem sei vor lauter Rauch und Staub ohnehin nichts zu erkennen. Um 17.30 Uhr rief Koller den Führerbunker an, um zu melden, daß er zur persönlichen Berichterstattung dorthin unterwegs sei. Christian erklärte ihm, das sei nicht mehr nötig; historische Ereignisse stünden bevor – die entscheidenden Ereignisse des ganzen Krieges. Er wollte nach Werder kommen, um Koller Bericht zu erstatten.

In der nachmittäglichen Lagebesprechung war Hitler zusammengebrochen. Nachdem er vormittags und am frühen Nachmittag ungeduldig auf eine Meldung von Steiner gewartet hatte, war er schließlich zu der Überzeugung gelangt, daß Steiner nicht angegriffen habe. Daraufhin bekam Hitler einen Wutanfall, erklärte den Krieg für verloren, gab seinen Generalen die Schuld daran und verkündete, er werde bis zum Ende in Berlin ausharren und Selbstmord verüben, bevor die Russen ihn gefangennehmen könnten. Er gab Befehl, seine Papiere und Aufzeichnungen ins Freie zu schaffen und zu verbrennen.

Goebbels gelobte ihm Treue bis in den Tod und zog mit Ehefrau und sechs Kindern in die Räume im Vorbunker, die Hitlers Leibarzt Morell am 21. April hatte räumen müssen, nachdem der Führer ihn beschuldigt hatte, er habe versucht, ihm Morphium zu geben. Bormann, Keitel und Jodl versuchten, Hitler dazu zu bewegen, Berlin zu verlassen, weil eine Weiterführung des Krieges von dort aus unmöglich sei. Als er ablehnte, wiesen Keitel und Jodl seinen Befehl zurück, in den Südraum auszufliegen, und gelobten ebenfalls, bei ihm auszuharren.

Auch dieser emotionale Sturm flaute so rasch ab wie viele andere vor ihm. Die „historischen Ereignisse“, von denen Christian gesprochen hatte, ließen noch etwas auf sich warten. Jodl erinnerte sich an Wencks 12. Armee, die südöstlich von Magdeburg den Amerikanern gegenüberstand; er erinnerte sich auch, wie aus dem erbeuteten „Eclipse“-Befehl hervorging, daß die Engländer und Amerikaner bereits weit in die vorgesehene sowjetische Besatzungszone eingedrungen waren und die Elbe deshalb wahrscheinlich nicht überschreiten würden. Hitler lehnte Jodls Vorschlag, die 12. Armee kehrtmachen und nach Osten angreifen zu lassen, anfangs als Zeitvergeudung ab. Einige Minuten später griff er diese Idee jedoch auf und schmiedete eifrig Angriffspläne.

Während seines Nervenzusammenbruchs hatte Hitler endlich zugegeben, daß sein Regime bankrott war. Er und seine Vertrauten konnten die Maschinerie lediglich noch eine Weile in Gang halten, ohne dadurch irgend etwas bewirken zu können. Keitel war das beste Beispiel dafür. In seinem zwecklosen Diensteifer übernahm er eine Doppelrolle als Feldmarschall/Kurier und brach auf, um Wenck den Befehl zur Kehrtwendung zu überbringen, obwohl eine fernmündliche Übermittlung viel schneller gewesen wäre – und dann auch war.

Noch während der Lagebesprechung telefonierte Krebs mit Heinrici und teilte ihm den Entschluß des

Führers mit. Schörner und Wenck würden eigens informiert werden; Wenck solle in östlicher Richtung angreifen; Schörners Angriff östlich von Bautzen komme voran; die 9. Armee müsse Cottbus und die Oderfront südlich von Frankfurt halten. Kurz gesagt: Hitler versuchte nochmals, östlich von Berlin eine Front aufzubauen.

Aber die im Führerbunker einlaufenden Meldungen ließen erkennen, wie gering die Erfolgsaussichten waren. Steiner rief nach Einbruch der Dunkelheit bei der Heeresgruppe an, um zu melden, daß er nicht habe angreifen können, weil seine Divisionen noch nicht einsatzfähig seien – was inzwischen alle Beteiligten wußten.

Heinrici befahl ihm, nachts ohne Rücksicht auf den Bereitschaftsgrad der Truppe anzugreifen. An der Front der 3. Panzerarmee hatte die 2. Weißrussische Front bis zum Abend einen 15 Kilometer langen Brückenkopf südlich von Stettin erobert. Die 9. Armee hatte an diesem Tag Cottbus räumen müssen, und ihre Front war südlich von Frankfurt durchbrochen worden. Nördlich von Berlin standen russische Panzerspitzen an der Havel; im Osten hatten die Russen an einer Stelle den äußeren Verteidigungsring durchbrochen.

Als Krebs um 21 Uhr erneut bei Heinrici anrief, war er jedoch voller Optimismus. Wencks Angriff werde rasch Entlastung bringen, behauptete er; eine Division werde noch in dieser Nacht angreifen. Heinrici war anderer Meinung und gab zu bedenken, daß Wenck einen weiten Weg vor sich habe. Heinrici wollte wenigstens die 4. Armee etwa 30 Kilometer zurücknehmen, um sie aus dem Oderbogen südlich von Frankfurt herauszuholen.

„Sagen Sie dem Führer“, forderte er Krebs auf, „daß ich das nicht tue, weil ich gegen ihn bin, sondern weil ich für ihn bin.“ Gegen Mitternacht erhielt Heinrici endlich die Erlaubnis, die 9. Armee in den Raum nördlich Cottbus – zwischen Lieberose und Spree – zurückzunehmen.

Am nächsten Tag, dem 23. April, trat die Einschließung von Berlin in ihr Endstadium. Die 1. Weißrussische Front setzte die 3. Schützenarmee aus ihrer zweiten Welle zur Durchtrennung des schmalen Korridors ein, der die 9. Armee noch mit Berlin verband. Von Süden her erreichten die 3. Garde-Panzerarmee und die 13. Schützenarmee den äußeren Verteidigungsring, und die 4. Garde-Panzerarmee stieß nach Potsdam vor. Nördlich von Berlin überschritt die 2. Garde-Panzerarmee die Havel nördlich von Oranienburg und drehte nach Süden ein. Am Nachmittag dieses Tages hielt Hitler in Berlin seine letzte große Lagebesprechung ab. Als sie beendet war, fuhr Keitel davon, um seinen „persönlichen Einfluß“ auf die 12. Armee geltend zu machen, während Jodl mit dem Rest des Wehrmachtführungsstabes nach Norden verschwand, um ihn in Neu Roofen hinter der 3. Panzerarmee zu etablieren.

Nachmittags befahl Hitler General Helmuth Weidling, dem Kommandierenden General des LVI. Panzerkorps, mit seinem Verband, den Busse zum Schutz der Nordflanke der 9. Armee hatte einsetzen wollen, die Verteidigung Berlins im Osten und Südosten zu übernehmen. Später machte Hitler Weidling, den er noch am Tag zuvor wegen Ungehorsams hatte erschießen lassen wollen, zum Stadtkommandanten von ganz Berlin. Als Krebs ihm diese Ernennung mitteilte, antwortete Weidling, er wäre lieber erschossen worden. Weidling, der seine Militärlaufbahn im Jahre 1911 als einfacher Soldat begonnen hatte, betrat die Bühne der Weltgeschichte mit Verspätung und nach eigener Aussage nur widerstrebend. Trotzdem sollten die nächsten Tage ihn ein Jahrzehnt seines Lebens kosten: Weidling starb 1955 in russischer Kriegsgefangenschaft.

Nach der Lagebesprechung erhielt Heinrici telefonisch den Befehl, Steiners Angriff sofort einstellen zu lassen, den Brückenkopf Eberswalde aufzugeben und Steiners Divisionen 40 Kilometer weit nach Westen zu verlegen, um sie bei Oranienburg in die Flanke der die Havel überschreitenden Russen vorstoßen zu lassen. Der Befehl schloß mit der Versicherung, daß die 12. Armee das XLI. Panzerkorps entsende, um die Russen von Westen her abzudrängen. Steiner war südlich von Eberswalde etwas vorangekommen, aber seine Geländegewinne waren viel zu unbedeutend, um sich auszuwirken.

Am Ende dieses Tages hatte Hitler durch seinen Befehl, der das LVI. Panzerkorps an Berlin band, die Voraussetzungen für eine baldige Einschließung der isolierten 9. Armee geschaffen. Als Heinrici an diesem Abend mit Busse sprach, nachdem die Telefonverbindung den ganzen Tag unterbrochen gewesen war, meldete Busse, er werde den Ausbruch nach Westen – falls einer befohlen werde – mit Handfeuerwaffen durchführen müssen, da seine Artillerie sich verschossen habe. Seine Nordfront zeige Auflösungserscheinungen, fügte er hinzu, weil ihr die bisher von Berlin aus gewährte Unterstützung fehle. Busse faßte die Ursache seiner kritischen Lage mit einem Satz zusammen: „Ich bin zu lange vorn gelassen worden." Und Heinrici bestätigte: „Das war ein Verbrechen." Nach diesem Gespräch rief Heinrici Wenck an und forderte ihn auf, seinen „alten Kameraden" Busse zu retten.

Am 24. April machten die Russen sich systematisch daran, den großen Ring aus Stahl und Feuer um Berlin zu schließen. Acht Armeen, davon vier Panzerarmeen, schlossen die Reichshauptstadt ein. Die Schlacht war verloren; sie wäre von deutscher Seite verlorengegeben worden, wenn es nicht einen vorzeitig gealterten, teilweise gelähmten Mann gegeben hätte, der unter sechs Meter Erde und Stahlbeton nichts von der sich heranwälzenden Zerstörung sah oder hörte und bedingungslosen Gehorsam forderte, den ihm niemand zu verweigern wagte.

Berlin war kein Stalingrad. Es konnte sich durch Fanatismus und Terror bestenfalls noch einige Tage halten – auf keinen Fall länger.

Im Norden und Osten standen die Russen schon fast an der S-Bahn und damit am letzten Verteidigungsring vor der Innenstadt. Im Laufe des Tages vereinigten Teile der 1. Weißrussischen und der 1. Ukrainischen Front sich bei Bohnsdorf, schlossen den Einschließungsring im Südosten und schnitten die 9. Armee ab.

Die 4. Garde-Panzerarmee erreichte die Seenkette bei Potsdam, und die aus Norden kommende 2.

Garde-Panzerarmee stieß bis Nauen vor und kam nach Süden bis fast nach Spandau voran. Die Havelbrücken bei Spandau waren der letzte noch offene Fluchtweg aus der Stadt nach Westen. In Berlin hielt das LVI. Panzerkorps den Südostabschnitt besetzt; die übrigen Frontabschnitte wurden von Volkssturm, SS und Hitlerjugend gehalten. Die vier massiven Flaktürme ragten wie gestrandete Stahlbetonschlachtschiffe aus den Trümmern auf: gewaltig und hilflos zugleich. Weidling mußte zu seinem Entsetzen feststellen, daß seine Vorgänger versucht hatten, ihre Befehle für die Verteidigung Berlins durch das öffentliche Fernsprechnetz zu übermitteln.

Hitler, dem nur noch die letzten Überreste seines einstmals gewaltigen Machtapparats zur Verfügung standen, ordnete trotzdem an, das Oberkommando der Wehrmacht führe den Kampf in Übereinstimmung mit seinen Weisungen, die er durch den bei ihm befindlichen Chef des Generalstabs des Heeres übermitteln lassen werde.

Er entzog dem Generalstab des Heeres jegliche Befehlsbefugnis und übernahm die Befehlsgewalt selbst: im Norden direkt durch den Wehrmachtsführungsstab, im Süden auf dem Umweg über den Kommandostab B und die Heeresgruppen. Für den Südraum erließ er eine halbherzige Anordnung zur Schaffung einer Alpenfestung, soweit sie sich überhaupt noch verwirklichen ließ. Seine Vorstellungen von ihrem Ausbau gingen kaum über die allgemein gehaltene Feststellung hinaus, daß die Alpenfestung als letztes, fanatisch verteidigtes Bollwerk geplant und dementsprechend auszubauen sei. Für Hitler hatte

sich der Kriegsschauplatz auf Berlin verengt. Er erteilte dem Oberkommando der Wehrmacht den „Hauptauftrag", aus Nordwesten, Südwesten und Süden anzugreifen, um die Verbindung mit Berlin wiederherzustellen und „so den Kampf um die Reichshauptstadt siegreich zu entscheiden".

In Jodl und Keitel hatte Hitler ideale Mitarbeiter, die keinen Gedanken an das Zwecklose dieses Unterfangens verschwendeten. Keiner der beiden war von einem anderen Gedanken beseelt, als Berlin und den Führer zu entsetzen; vor allem stellte sich keiner der beiden die Frage: *Warum?* Noch am gleichen Tag änderte Jodl die Angriffsrichtung der 9. und 12. Armee – die eine sollte nach Nordwesten, die andere nach Nordosten in Richtung Berlin vorstoßen.

Am 25. April 1945 trafen die sowjetischen Angriffsspitzen nordwestlich von Potsdam aufeinander. An der Elbe, 100 Kilometer südwestlich von Berlin, begegneten die amerikanische 1. Armee und die sowjetische 5. Garde-Panzerarmee sich bei Torgau. In einem Befehl an Dönitz bezeichnete Hitler die Kämpfe im Raum Berlin als die „Schlacht um das deutsche Schicksal", der sich alle übrigen Fronten, alle sonstigen Aufgaben in Zukunft unterzuordnen hätten. Er wies den Großadmiral an, auf dem Luftweg Truppen nach Berlin zu entsenden und die Fronten um die Reichshauptstadt durch Zuführung von Reserven „zu Lande und zu Wasser" zu verstärken.

Das Oberkommando der Wehrmacht hatte die Truppenkommandeure bereits angewiesen, den Kampf gegen die Rote Armee als vorrangig zu betrachten und „größere Verluste an die Anglo-Amerikaner“ hinzunehmen, um Einheiten für die Schlacht um Berlin freizusetzen.

Soweit das deutsche Schicksal noch nicht entschieden war, fand das wichtigste Ereignis dieses Tages jedoch nicht in Berlin oder an der Elbe, sondern an der Oder statt: Rokossowskis 2. Weißrussische Front brach aus dem Brückenkopf südlich von Stettin aus, durchstieß die Front der 3. Panzerarmee und überschritt die Randow-Niederungen in Richtung Prenzlau.

Kein Entsatz durch Geisterarmeen

In dem an die wenigen noch erscheinenden deutschen Zeitungen durchgegebenen Wehrmachtsbericht vom 25. April 1945 hieß es, Hitler treffe persönlich die Entscheidungen über den Einsatz deutscher Truppen und lasse Verstärkungen für „die Verteidigung der Reichshauptstadt gegen den bolschewistischen Ansturm" heranführen. Außerdem wurde gemeldet, als sei das eine wünschenswerte Neuerung, daß Hitler jetzt persönlich Auszeichnungen unmittelbar nach den Kampfhandlungen verleihe, bei denen sich einzelne Verteidiger Berlins vorbildlich bewährt hätten.

Beide Meldungen entsprachen den Tatsachen: Hitler leitete die Verteidigung Berlins selbst und verlieh ungewöhnlich viele Auszeichnungen – zu einem großen, wenn nicht zum größten Teil an Hitlerjungen, die der Reichsjugendführer Arthur Axmann, der weiterhin im Führerbunker anwesend war, ihm vorstellte. Die Russen entdeckten später in der Reichskanzlei einen ganzen Schrank mit Orden, die noch für mehrere Kriegsjahre ausgereicht hätten.

Am 26. April um 0.30 Uhr ging beim Oberkommando der Wehrmacht in Neu Roofen ein von Hitler am Vorabend erlassener Befehl ein, in dem die schnellstmögliche Durchführung von Entsatzvorstößen ohne Rücksichtnahme auf Flankensicherung oder Nachbarn gefordert wurde. Obwohl Hitler wissen mußte, daß seine Zeit abgelaufen war, bemühte er sich weiterhin um die unmögliche Wiederherstellung einer geschlossenen und starken Ostfront.

Die 12. Armee sollte aus dem Raum Belzig nach Nordosten in Richtung Ferch am Schwielow-See südlich von Potsdam angreifen, während die 9. Armee ihr nach Westen entgegenstieß. Nach ihrer Vereinigung sollten die beiden Armeen „auf breiter Front" aus Süden nach Berlin vorrücken. Gleichzeitig sollte die 9. Armee auch ihre Front im Osten halten, damit die Heeresgruppe Mitte von Süden herangeführt werden konnte. Steiner sollte mit der 25. Panzergrenadierdivision, der 2. Marinedivision und der 7. Panzerdivision aus dem Raum nordwestlich von Oranienburg nach Berlin vorstoßen. Und die 3. Panzerarmee erhielt den Auftrag, eine Ausweitung des Oderbrückenkopfs zu verhindern.

Jodl antwortete, alle Entsatzvorstöße seien angelaufen oder würden in Kürze anlaufen. Er machte auch auf die durch die 2. Weißrussische Front östlich von Prenzlau drohende Gefahr und die Konzentration der (englischen) 21. Heeresgruppe südöstlich von Hamburg aufmerksam, durch die Lübeck gefährdet erschien. (Tatsächlich bereitete Montgomery seinen Vorstoß über die Elbe zur Ostsee vor, den Eisenhower zu unterstützen versprochen hatte.) Um diese Gefahr abwenden zu können, schlug Jodl den Rückzug aller deutschen Truppen von der Nordseeküste westlich der Elbe vor.

Der 26. April brach als klarer, heller Tag an. Die

Schlacht wurde bei herrlichem Frühlingswetter geschlagen, und eine frische Brise schien durch Rauch, Staub und Beton bis in den Führerbunker gedrungen zu sein. Weidling erinnerte sich an einen „Tag der Hoffnungen“; Krebs rief ihn mehrmals in seinem Befehlsstand in der Bendlerstraße an, um ihm erfreuliche Mitteilungen zu machen. Die Morgenmeldung des Verbindungsoffiziers der Marine an Dönitz ließ erkennen, wie Jodls Mitteilung im Führerbunker gewertet wurde: Die 9. und 12. Armee erzielten „erfreuliche Erfolge“; Steiner „kam voran“; Schörners Angriff bei Bautzen zeigte, „daß der Feind noch immer geschlagen werden kann, wenn der Wille da ist“.

Hitlers wiederaufflammende Hoffnung äußerte sich in seiner Antwort an Jodl, in der er verlangte, die Elbelinie müsse gegen Montgomery gehalten werden und der „Brückenkopf“ östlich von Prenzlau sei nicht nur einzugrenzen, sondern zu verkleinern. Er hatte keine Einwände gegen den Abzug deutscher Kräfte aus dem Raum westlich der Elbe, verlangte aber, daß die Häfen Emden, Wilhelmshaven und Wesermünde sowie der Kaiser-Wilhelm-Kanal nach Kiel gehalten würden.

Abends riß die Telefonverbindung nach Berlin ab, und der Fernsprechverkehr mit der belagerten Hauptstadt wurde über einen Kurzwellensender aufrechterhalten, der in der Nähe des Oberkommandos der Wehrmacht in einem Fesselballon installiert war, um seine quasi-optische Reichweite zu erhöhen. In opfermütiger Stimmung wollten Jodl und Keitel an diesem Abend zu einer letzten Lagebesprechung nach Berlin fliegen, aber der Behelfslandeplatz im Tiergarten war wegen dichter Rauchschwaden, Granattrichter und Flugzeugwracks gesperrt. Mit der letzten abends landenden Maschine trafen Generaloberst Robert Ritter von Greim und Flugkapitän Hanna Reitsch, eine wagemutige deutsche Testpilotin, in Berlin ein.

Hitler hatte Greim, einen alten Kampfgefährten aus der Anfangszeit der nationalsozialistischen Bewegung, aus München nach Berlin beordert, um eine Krise in der Luftwaffenführung zu bereinigen. Am 23. April war Koller nach einem Gespräch mit Christian und kurzer Beratung mit Jodl nach Süden zur Befehlsstelle B geflogen. Dort hatte er Göring von Hitlers Zusammenbruch berichtet und wiederholt, was der Führer zu Keitel und Jodl gesagt hatte: „Wenn es zu (Friedens-)Verhandlungen kommt, dann ist Göring besser als ich. Er kann mit der anderen Seite viel besser umgehen."

Koller wußte entweder nicht, daß Hitler sich wieder erholt hatte, oder erwähnte diese Tatsache nicht, und Göring hatte sofort ein Telegramm an Hitler geschickt, in dem er anfragte: „Sind Sie einverstanden, daß ich nach Ihrem Entschluß, im Gefechtsstand in der Festung Berlin zu verbleiben, gemäß Ihres Erlasses vom 29.6.1941 als Ihr Stellvertreter sofort die Gesamtführung des Reiches übernehme mit voller Handlungsfreiheit nach innen und außen?"

In seinem von Bormann – zweifellos mit besonderer Schadenfreude – aufgesetzten Antwortfunkspruch hatte Hitler Göring aller seiner Ämter enthoben, sogar seines Amtes als „Reichsjägermeister", ihm aber trotz des begangenen „Hochverrats" wegen

Das Ende des Dritten Reichs

Schon nach kurzer Zeit blüht der Tauschhandel

Ein russischer Offizier zeigt englischen Soldaten die Stelle, an der Hitlers Leichnam verbrannt worden sein soll

seiner Verdienste um Staat und Partei das Leben geschenkt. In einem Telegramm an die SS in Berchtesgaden hatte Bormann jedoch eigenmächtig die Festnahme Görings befohlen. Am Abend des 26. April ernannte Hitler im Führerbunker Greim als Nachfolger Görings zum Oberbefehlshaber der Luftwaffe und beförderte ihn zum Generalfeldmarschall.

Außerhalb der eingeschlossenen Stadt verfolgten die deutschen Oberbefehlshaber an diesem 26. April zwei miteinander unvereinbare Ziele, die sich angesichts des Zustandes der verbliebenen Truppen gegenseitig ausschlossen: Heinrici bemühte sich, seine Front zusammenzuhalten und die 9. Armee zu retten, während Keitel und Jodl sich ausschließlich auf die Entsetzung Berlins konzentrierten. Heinrici wollte retten, was noch zu retten war. Keitel und Jodl versuchten erneut, die Realität dem Willen des Führers unterzuordnen. Für sie war das nichts Neues. Sie hatten seit Stalingrad miterlebt, wie er bei ähnlichen Versuchen eine Armee nach der anderen hingeopfert hatte. Das war das Wesen des Führerprinzips, durch das Hitler den Sieg erringen wollte und das nur einen Fehler hatte – es brachte ständig Mißerfolge.

Steiner hatte angegriffen und nachts einen kleinen Brückenkopf an der Havel westlich von Oranienburg gebildet, aber sein Angriff war bei Tagesanbruch stekkengeblieben. Er hatte lediglich die 25. Panzergrenadierdivision zur Verfügung. Die 2. Marinedivision befand sich noch auf der Eisenbahn zwischen Oranienburg und der Küste, und der 7. Panzerdivision, die erst vor wenigen Tagen auf dem Seeweg von Danzig nach Swinemünde verlegt worden war, fehlten Fahrzeuge für den Marsch aus ihrem Bereitstellungsraum westlich von Neubrandenburg.

Schon am Vormittag des 26. April schlug Heinrici vor, Steiners Angriff aufzugeben, weil kein Erfolg zu erwarten sei. Er wollte die Divisionen dazu benützen, den russischen Einbruch östlich von Prenzlau abzuriegeln. Jodl verweigerte ihm die Erlaubnis dazu.

Am Spätnachmittag hatte die 2. Weißrussische Front die letzten Reserven der 3. Panzerarmee niedergekämpft und stieß nach Prenzlau vor. General Hasso von Manteuffel, der Oberbefehlshaber der 3. Panzerarmee, ging auf beiden Flügeln zurück, um Truppen freizubekommen, mit denen er den Einbruch in der Mitte seines Frontabschnitts abriegeln konnte. Heinrici war sich darüber im klaren, daß eine Entscheidung in bezug auf Steiners Einsatz getroffen werden mußte; sein Gegenangriff konnte das Schicksal Berlins nicht entscheiden und band die „letzte und einzige" motorisierte Division der Heeresgruppe. Die Frage war nur: Wer konnte die Entscheidung treffen? Durch ihr direktes Eingreifen hatten Jodl und Keitel erreicht, daß Steiner praktisch nicht mehr Heinrici unterstand.

Die 12. Armee, die eigentliche Stütze des Entsatzversuches, rechnete lediglich damit, einen Korridor nach Berlin öffnen zu können, damit die Zivilbevölkerung und die Garnison abziehen konnten. Nach mehreren Änderungen lautete ihr Auftrag, mit dem XLI. Panzerkorps Steiners Angriff von Westen her zu unterstützen, die Elbelinie zu halten, Brandenburg zu verteidigen und von Belzig aus in nordwestlicher Richtung nach Berlin vorzustoßen.

Mit anderen Worten befand die Armee sich in der eigenartigen Lage, im Westen verteidigen zu müssen, während sie im Osten angriff. Am 26. April war das XX. Korps, das Berlin entsetzen sollte, damit beschäftigt, die Linie Brandenburg-Belzig-Wittenberg zu halten, um seinen Bereitstellungsraum gegen die Amerikaner zu verteidigen.

Am 26. April begann die 9. Armee ihren Ausbruchsversuch mit einem Vorstoß zum Abschnitt Zossen-Baruth der Autobahn Berlin-Dresden. Der Kampfwert der 9. Armee sank rasch. Am Abend zuvor war die gesamte zugesagte Luftunterstützung nach Berlin abgezogen worden. Nach seinem letzten Ferngespräch mit Hitler legte Jodl größten Wert darauf, „der 9. Armee klarzumachen, daß sie gemeinsam mit der 12. Armee scharf (nach Norden) eindrehen muß, um Berlin zu entsetzen".

Jodl und Heinrici diskutierten darüber, wo die noch verbliebenen Maschinen der Luftwaffe eingesetzt werden sollten. Heinrici sprach sich für eine Unterstützung der 9. Armee aus, die schließlich durch Befehle der Oberkommandos in ihre schwierige Lage geraten sei. Jodl widersprach mit der Feststellung, man dürfe die Berliner und das Staatsoberhaupt nicht im Stich lassen, und deutete an, jede abweichende Auffassung grenze an Hochverrat. An der Südflanke der 9. Armee war Schörners Vorstoß, der in sechs Tagen etwa 25 Kilometer weit vorangekommen war, praktisch zum Stehen gekommen – 65 Kilometer vor dem Ziel.

In der Nacht zum 27. April ging die 3. Panzerarmee an die Ucker und die Seenkette südlich von Prenzlau zurück. Dadurch nutzte sie ihre letzte Chance, nicht überrannt zu werden, aber dieser Versuch mißlang. Am Vormittag stießen Rokossowskis Panzer an Prenzlau vorbei vor, und seine Infanterie strömte hinter ihnen in die in der deutschen Front klaffende Lücke. Nachmittags schickte Heinrici seinen Stabschef in Dönitz' Hauptquartier, um dem Großadmiral melden zu lassen, die Heeresgruppe sei geschlagen, könne die Russen nicht aufhalten und ziehe sich durch Mecklenburg nach Westen zurück.

Falls Heinrici von Dönitz eine Entscheidung erwartete, mußte er auf eine Enttäuschung gefaßt sein. Bei einer Lagebesprechung, die vor einigen Stunden stattgefunden hatte – und bei der Dönitz und Himmler zur Verärgerung des jeweils anderen darauf bestanden, Keitels und Jodls Vorträge sitzend anzuhören, wie es Hitler stets getan hatte –, war entschieden worden, Dönitz werde den Oberbefehl erst übernehmen, wenn das Oberkommando keine Führerbefehle mehr erhalte. Außerdem war von Dönitz' Urteil in militärischen Dingen nicht allzuviel zu halten. Beispielsweise hatte er in letzter Zeit durchzusetzen versucht, daß Stettin und Swinemünde, wo der Nordflügel der 3. Panzerarmee in Gefahr war, abgeschnitten zu werden, gehalten wurden, damit die Kriegsmarine die Verbindung zur Heeresgruppe Kurland aufrechterhalten konnte. Dönitz hätte seine Befugnisse so weit auslegen können, daß sie ihn zu Kapitulationsverhandlungen ermächtigten, aber er war nicht der Mann dafür. Auch wenn er unauffälliger auftrat, zählte er sich ebenso zu Hitlers treuen Gefolgsleuten wie Jodl und Keitel.

Das Oberkommando der Wehrmacht, das am 27. April Zeit zu gewinnen versuchte, schickte nach allen Himmelsrichtungen Befehle. Um die Russen westlich von Prenzlau aufzuhalten, sollte der Stab der 21. Armee (der ehemalige Stab der 4. Armee) unter General Kurt von Tippelskirch mit zwei Regimentern eingesetzt werden, die beide in frühestens 24 Stunden verfügbar waren.

Hitler hatte kein Vertrauen mehr zu Steiner, deshalb sollte das XLI. Panzerkorps den Angriff bei Oranienburg leiten – aber der Korpsstab meldete, er sei zu weit entfernt, um wirksam führen zu können. Hitler hatte die 9. und 12. Armee aufgerufen, ihre Pflicht zu tun, sich zu vereinigen und nach Berlin vorzustoßen, um „die entscheidende Kriegswende" herbeizuführen. Keitel, der Hitlers Aufforderung weitergab, fügte hinzu: „Die Geschichte und das deutsche Volk werden jeden verachten, der nicht sein Äußerstes tut, um die Lage und den Führer zu retten." Keitel wies Schörner an, von Bautzen aus weiter nach Norden in Richtung 9. und 12. Armee anzugreifen, falls die Verbindung zum Oberkommando der Wehrmacht abreiße.

Am Spätnachmittag gestand Jodl endlich ein, daß der Gegner offenbar die Front der 3. Panzerarmee bei Prenzlau durchbrochen habe. Er beschloß, „so lästig das auch ist", Steiners Angriff einstellen zu lassen; aber er konnte sich noch immer nicht dazu durchringen, ihn ganz aufzugeben. In dem Heinrici erteilten Befehl hieß es, er könne die 25. Panzergrenadierdivision und die 7. Panzerdivision für einen Gegenstoß in die russische Flanke von Südwesten aus haben. Danach sollten die beiden Divisionen wieder nach Süden in Richtung Berlin eindrehen.

Um 22.30 Uhr rief Manteuffel die Heeresgruppe an und meldete, die Hälfte seiner Divisionen und die gesamte Flakartillerie habe den Kampf eingestellt. Hunderttausend Mann flüchteten nach Westen. Manteuffel sagte, er habe solche Szenen noch nie erlebt – nicht einmal im Jahre 1918; man werde Hunderte von Offizieren brauchen, um diese Massenflucht aufzuhalten. Er fügte hinzu, der Krieg sei zu Ende; der Soldat habe „gesprochen", und selbst wenn einige Offiziere standhielten und sich erschießen ließen, sei an dieser Tatsache nicht mehr zu rütteln. Er schlug vor, Jodl solle selbst hinausfahren und sich davon überzeugen, welche Zeitvergeudung es sei, von einer Entsetzung Berlins zu sprechen. Man könne nur noch verhandeln – am besten mit den Westalliierten – und sich inzwischen rasch genug nach Westen zurückziehen, um die Überreste der Armeen zusammenzuhalten.

Am Morgen fuhr Keitel zur Front ab, um die Vorbereitungen für den Gegenangriff an der Flanke der 3. Panzerarmee durch seine Anwesenheit voranzutreiben. Zu seinem Erstaunen und Entsetzen traf er bei Zehdenick an der Havel auf die Nachhut der 5. Jägerdivision, die eine Verteidigungsstellung entlang des Flusses erkundete. Keitel hatte angenommen, die Front befinde sich 30 Kilometer weiter östlich und werde dort – wie von ihm befohlen – gehalten.

Wenig später stellte sich auch heraus, daß der Gegenangriff aus dem Raum Templin nicht wie befohlen durchgeführt werden würde. Heinrici und Manteuffel waren am Abend zuvor zu der Ansicht gekommen, die 7. Panzerdivision und die 25. Panzergrenadierdivision könnten dort nicht rechtzeitig eingesetzt werden und sollten deshalb weiter nördlich eine Riegelstellung östlich von Neubrandenburg und Neustrelitz halten. Keitel war sich natürlich darüber im klaren, daß das bedeutete, daß die beiden Divisionen sich noch weiter von Berlin entfernten.

Nachmittags traf Keitel mit Heinrici und Manteuffel zusammen. Inzwischen hatte Jodl mit Heinrici telefoniert, von Hochverrat gesprochen und ihm die „äußersten Konsequenzen" angedroht, wenn Heinrici die erhaltenen Befehle nicht ausführe. Nach einer „kolossalen Diskussion", wie Heinrici es später ausdrückte, die einen „scheußlichen Verlauf" nahm, befahl Keitel den beiden Generalen, standzuhalten und südöstlich von Neustrelitz einen Gegenangriff zu führen.

Keitel erteilte diesen Haltebefehl inmitten einer Front, die sich um ihn herum auflöste, so daß Heinrici für die etwa 30 Kilometer zu seinem Befehlsstand drei Stunden brauchte. Die Straßen waren von Flüchtlingen und zurückgehenden Einheiten verstopft; Neubrandenburg war völlig blockiert. Die Truppe marschierte „in geschlossener Ordnung nach Hause", wie Heinrici beobachtete.

Die deutsche Front war nicht mehr zu halten. Heinrici rief Keitel um Mitternacht an, um ihm zu melden, daß die Russen an der Südflanke der 3. Panzerarmee an der Havel stünden. Als Keitel antwortete, das komme davon, wenn man Stellungen freiwillig räume, protestierte Heinrici mit dem Hinweis, daß er in seiner Entscheidungsbefugnis in seinem eigenen Befehlsbereich beschnitten worden sei. Keitel erklärte ihm, das sei notwendig gewesen, weil die Befehle des Führers nicht ausgeführt worden seien; dann enthob er Heinrici seines Postens und wies ihn an, den Oberbefehl an Manteuffel, den dienstältesten Armeeführer, zu übergeben.

Die Morgensonne des 28. April beschien eine schwergeprüfte Stadt und einen in den letzten Zügen liegenden Krieg. Keitel wahrte die Fiktion eines Gegenangriffs von Oranienburg aus, aber der einzige Entsatzvorstoß, der tatsächlich Aussicht auf Verwirklichung hatte, war der von Wencks 12. Armee. Im Laufe des Tages scheiterte der Ausbruch der 9. Armee, weil die Verbindung zu der aus Panzern bestehenden Angriffsspitze abriß.

Konstantin Simonow, der bekannte russische Schriftsteller, der damals wie die meisten seiner Kollegen als Kriegsberichterstatter tätig war, fuhr einige Tage später auf der Fahrt von Torgau nach Berlin über den Autobahnabschnitt Baruth-Zossen. Er schilderte, wie beide Randstreifen über Kilometer hinweg mit abgeschossenen Panzern und Lastwagen und mit Toten und Verwundeten bedeckt waren, die von den Russen noch nicht hatten abtransportiert werden können. Busse meldete, die 9. Armee sei weder imstande, einen zusammengefaßten zweiten Ausbruchsversuch zu machen, noch stark genug, um die russischen Angriffe noch lange abzuwehren.

In Berlin hatten die acht sowjetischen Armeen, von denen die Stadt eingeschlossen war, am 26. April nach schweren Luftangriffen am Vortag und in der

Nacht ihre Offensive mit Einbrüchen in den Verteidigungsring entlang der S-Bahn fortgesetzt. Am Abend des 27. April hatten die Russen Reymanns Kräfte in Potsdam abgeschnitten und die Verteidiger Berlins in einem Kessel zusammengedrängt, der in Ost-West-Richtung 15 Kilometer lang und 1,5 bis 5 Kilometer breit war. Im Westen reichte der Kessel bis fast an die Havel, aber die Russen hielten die Flußübergänge besetzt.

In der Innenstadt waren russische Angriffsspitzen aus Norden und Süden bis fast zum Regierungsbezirk vorgestoßen, und die sowjetischen Armeen wetteiferten darum, den Reichstag zu erobern, der für die Russen – obwohl er seit 1933 nur noch eine ausgebrannte Ruine war – zu einem Symbol für das Dritte Reich geworden war.

In den Abgrund

Die Schlacht um Berlin wurde außerhalb der Stadt geschlagen; in der Reichshauptstadt selbst fand lediglich eine Säuberungsaktion statt, die auf keinen allzu großen Widerstand stieß. Eine „Festung Berlin" existierte nicht.

Als SS-Gruppenführer Gustav Krukenberg am 24. April nach Berlin kam, um den Befehl über die SS-Division „Nordland" zu übernehmen, fand er die Havelbrücken bei Spandau verbarrikadiert, aber unverteidigt vor. Von dort aus fuhr er durch den ganzen Westen Berlins, „ohne auf Soldaten oder Verteidigungsanlagen irgendwelcher Art zu stoßen". Im Führerbunker teilte Krebs ihm mit, die 90 Freiwilligen aus der Division „Karl der Große", die Krukenberg mitgebracht hatte, seien als einzige der zahlreichen nach Berlin beorderten Offiziere und Einheiten in die Reichshauptstadt gekommen.

Die Division „Nordland" besaß etwa Bataillonsstärke, wie Krukenberg feststellen mußte. Als er drei Tage später Abschnittskommandeur in der Innenstadt wurde, war sein Befehlsstand ein U-Bahnwagen ohne Strom und Telefon. Die Kämpfe in Berlin dauerten so lange, weil eine große Metropole, selbst wenn sie ausgebombt und amateurhaft befestigt ist, auch bei schwacher Verteidigung nicht rasch genommen werden kann – vor allem nicht von Truppen, die genau wissen, daß der Krieg praktisch zu Ende ist, und ihre Heimat wiedersehen wollen.

Berlin starb keinen Wagnerischen Heldentod, wie Hitler es sich vorgestellt hatte, sondern versank in einer Flut aus Zerstörung, Elend und Verzweiflung. Auf den Straßen baumelnde Aufgeknüpfte, das Werk fliegender Standgerichte, die mit lediglich einem Offizier besetzt waren und nur Todesurteile verhängten, zeigten Soldaten und Zivilisten, was sie von ihrer eigenen Führung zu erwarten hatten. Aber diese Führung zehrte nur mehr von der dem System innewohnenden Bewegungsenergie; sie war nicht mehr imstande, sinnvolle Befehle zu formulieren, zu verbreiten oder durchzusetzen. Einzelne konnten gehenkt werden; dafür hielten sich anderswo ganze Einheiten verborgen. Mit Raketenwerfern und Artillerie revanchierten die Russen sich für Leningrad und Stalingrad, so gut sie konnten. Aber in den Luftschutzkellern, in denen sich das Leben der Berliner seit Monaten abspielte, machten sich die sowjetischen Raketen und Granaten nicht entfernt so bemerkbar, wie es die alliierten Bomben getan hatten; sie trugen auch nicht wesentlich zur weiteren Zerstörung der ohnehin schon in Trümmern liegenden Stadt bei.

Der Krieg braucht jedoch nicht nach logischen Gesetzmäßigkeiten abzulaufen, und Schlachten brauchen nicht entscheidend zu sein, um schrecklich sein zu können. Als Beispiel für die Schrecken moderner Kriegsführung steht Berlin zweifellos gleichberechtigt neben Leningrad, Charkow, Budapest, Dresden, Hamburg, Hiroschima, Nagasaki und einem Dutzend weiterer Städte, die Menschen- und Substanzverluste erlitten, wie sie seit dem Dreißigjährigen Krieg nicht wieder vorgekommen waren.

Ob Hunger und Kälte in Leningrad, Brandbomben in Dresden und Hamburg oder Atombomben in Hiroschima und Nagasaki den äußersten Ausdruck der Schrecken dieses Krieges darstellten, läßt sich wahrscheinlich gar nicht abschätzen. Trotzdem steht als Tatsache fest, daß im Zweiten Weltkrieg einigen Großstädten ein besonders grausames Einzelschicksal beschieden war. In Berlin waren es Straßen- und Nahkämpfe inmitten einer mit Zivilisten überfüllten Stadt. Obwohl die Einwohnerzahl erheblich unter den Vorkriegsstand gesunken war, waren die 1,75 Millionen zurückgebliebenen Berliner erheblich mehr, als die Stadt schon vor der Einschließung unterbringen und versorgen konnte. Dazu kam noch, daß die Zivilbevölkerung zum größten Teil aus Frauen, Kindern und Alten bestand. Die Soldaten hatten zumindest etwas mit ihrem Oberkommando gemeinsam: Sie waren ein Teil des Apparats, und solange dieser funktionierte, konnten sie sich einbilden, er erfülle irgendeinen nützlichen Zweck. Die Zivilisten mußten selbst sehen, wie sie sich irgendwie durchschlugen.

Die Panzerdivision „Müncheberg“, eine der Divisionen aus Weidlings Korps, hielt den Abschnitt D fast genau südlich der Reichskanzlei. Am 26. April verlief ihre Front über den Flughafen Tempelhof knapp innerhalb des S-Bahnringes und reichlich sechs Kilometer von der Reichskanzlei entfernt.

Die Division hatte ein Dutzend Panzer und 30 Halbkettenfahrzeuge. Sie sollte Infanterie als Verstärkung erhalten, aber sie bekam nur Volkssturmmänner und Versprengte. Hinter der Front gingen Zivilisten, die ihre bewegliche Habe mitschleppten, weiter ins Stadtinnere zurück. Die Verwundeten der Division blieben vorn, weil sie fürchteten, von fliegenden Standgerichten aufgegriffen und als Fahnenflüchtige gehenkt zu werden, wenn sie ihre Einheit verließen. Rauchschwaden und Sprengwolken hingen in der Luft. Die Gefallenen lagen auf den Straßen, wo sie durch Granaten oder Raketen den Tod gefunden hatten. Viele von ihnen waren Frauen, die mit irgendwelchen Gefäßen aus den Kellern gekommen waren, um Wasser zu holen. Die Russen drangen vorsichtig durch das bebaute Gebiet südlich des Flughafens vor und setzten Flammenwerfer ein, um Gebäude zu stürmen. In den kurzen Kampfpausen drangen die Schreie von Frauen und Kindern bis zur deutschen Front.

In der Abenddämmerung stießen russische Panzer mit aufgesessener Infanterie über den Flughafen vor. Die Verteidiger konnten ihre Linie nachts halten, aber bei Tagesanbruch kamen die russischen Panzer in Wellen heran. Am Nachmittag des 27. April ging die Division „Müncheberg“ zurück und kam danach in jeder neuen Stellung nur noch wenige Stunden zur Ruhe.

Hinter ihr flüchteten Zivilisten von Keller zu Keller. Hausmauern und Gehsteige waren mit Durchhalteparolen bemalt – und alle Kämpfer, die sich davon nicht begeistern ließen, bekamen drastisch vorgeführt, was jeden erwartete, der den Krieg auf eigene Faust abzukürzen versuchte: Schilder auf der Brust von erschossenen oder gehenkten Fahnenflüchtigen verkündeten, wie Deserteure bestraft wurden.

Aus Süden, Osten und Norden wurden die Verteidiger Berlins in die Stadtmitte zurückgedrängt. Am 28. April stand die Division „Müncheberg“ am Anhalter Bahnhof, kaum einen Dreiviertelkilometer von der Reichskanzlei entfernt. Dorthin war auch Krukenbergs Division „Nordland“ zurückgegangen. Die unterirdischen Bahnsteige waren mit Frauen und Kindern, militärischen Befehlsstellen und Verwundeten überfüllt, die alle besorgt auf den von oben hereindringenden Kampflärm horchten und sich bemühten, den von der Decke herabfallenden Betonbrocken auszuweichen, die sich durch Artilleriebeschuß lösten. Gelegentlich rollten langsam Züge vorbei, ohne daß jemand wußte, wohin sie fuhren.

Plötzlich strömte Wasser in die Tunnel, stieg in wenigen Minuten auf über einen Meter und löste eine Panik aus, in der die Kinder und Verwundeten vergessen wurden, während jeder versuchte, nach oben zu kommen. Angeblich auf Befehl Hitlers, der verhindern wollte, daß die Russen durch die U-Bahntunnel vordrangen, hatten Pioniere die Schotte zwischen den Tunnels und dem benachbarten Landwehrkanal gesprengt. Später hieß es, an diesem Tag seien Tausende von Menschen in den Tunnels ertrunken, aber nach der ersten Flutwelle ging das Wasser sogar wieder zurück und stieg später nur langsam. Zweifellos wurden einige Menschen in der allgemeinen Panik niedergetrampelt oder ertranken, aber der Beamte, der im Oktober 1945 das Auspumpen der U-Bahntunnels leitete, hat festgestellt, daß die meisten der dort aufgefundenen Toten schon vor der Überflutung ihren Verletzungen erlegen sein müssen.

Die Division „Müncheberg“ mußte am Nachmittag des 28. April nach Nordwesten zum Potsdamer Bahnhof zurückgehen, wo sie in unmittelbarer Nähe der Reichskanzlei stand. Der Haupteingang des Bahnhofs bot ein grausiges Bild. Ein Artillerievolltreffer schweren Kalibers hatte dort Männer, Frauen und Kinder buchstäblich an die Wände geklatscht. Der Potsdamer Platz war mit zerschossenen Fahrzeugen, Krankenwagen mit Verwundeten und auf dem Pflaster liegenden Gefallenen übersät, die von Lastwagen und Panzern überrollt und gräßlich verstümmelt wurden. Zivilisten weigerten sich, Verwundete in ihre Keller einzulassen, weil sie fürchteten, von einem der fliegenden Standgerichte wegen Beihilfe zur Fahnenflucht zum Tode verurteilt zu werden. Die Soldaten waren müde, hungrig und verzweifelt. In der Nacht lag die Innenstadt unter schwererem Artilleriebeschuß als je zuvor, und die Russen drangen durch U-Bahntunnel zum Potsdamer Bahnhof vor.

Der menschliche Aspekt der Straßenkämpfe in Berlin kümmerte Hitler so wenig wie früher, als die Front Tausende von Kilometern entfernt in Rußland verlaufen war. Der Stahlbeton des Führerbunkers und das gleichmäßige Dröhnen des Dieselaggregats, das für Lüftung und Beleuchtung sorgte, isolierten die Bunkerinsassen fast vollständig von der Außenwelt. Trotzdem kam es gelegentlich vor, daß der Bunker unter Einschlägen erzitterte und die Ventilatoren Staub und Rauch einsaugten. Die winzigen Bunkerräume waren überfüllter als je zuvor – vor allem mit

Menschen, die Hitler umsorgten und schützten oder seine Verbindungen mit der Außenwelt aufrechterhielten. Von den ranghöchsten Nazis blieben lediglich Goebbels und Bormann im Führerbunker: Goebbels aus Loyalität Hitler gegenüber und weil er noch immer auf ein Wunder hoffte; Bormann, um seine eigenen Interessen zu fördern.

Bis zum 27. April hielt Hitler die gewohnten Lagebesprechungen ab. Obwohl er noch immer versuchte, sich als Stratege zu geben, beschränkten seine Entscheidungen sich nunmehr auf Vorkehrungen wie die Aufstellung einer Kampfgruppe, die ihn retten oder erschießen sollte, falls es einem russischen Panzer gelinge, ihn durch irgendeinen Trick aus dem Führerbunker auszugraben. In seinen weitschweifigen Ausführungen kam Hitler häufig darauf zurück, daß es richtig gewesen sei, in Berlin zu bleiben – als praktisches Beispiel für alle Generale, die Rückzüge befohlen hatten, und einzige Möglichkeit, einen „moralischen“ Sieg zu erringen, der die Engländer und Amerikaner von seinem Wert in ihrer nach Hitlers Ansicht unvermeidlichen Auseinandersetzung mit den Russen überzeugen würde.

In der Nacht zum 29. April kam Weidling mit einem Ausbruchsplan zu Hitler. Der Führer hörte ihn sich interessiert an, erklärte dann aber, er bleibe lieber, wo er sei, weil er sonst das Ende „irgendwo im Freien oder in einem Bauernhaus“ erwarten müsse. Damit hatte Hitler seine letzte militärische Entscheidung getroffen. Um Mitternacht funkte Dönitz' Verbindungsoffizier aus dem Bunker: „Wir halten bis zum Ende aus.“

Greim und Hanna Reitsch verließen in dieser Nacht Berlin in einem alten Arado-Schulflugzeug, dessen Pilot es irgendwie geschafft hatte, in Berlin zu landen und dort auch wieder zu starten. Greim hatte den Auftrag, die Luftunterstützung für Wencks Angriff zu organisieren, und sollte einen Sonderauftrag Hitlers durchführen, indem er Himmler wegen Hochverrats verhaftete.

An diesem Abend war im Führerbunker bekannt geworden, daß Himmler versucht hatte, durch Vermittlung des schwedischen Grafen Bernadotte einen Waffenstillstand auszuhandeln. Hitler hielt die meisten, wenn nicht sogar alle seiner Generale für Verräter, aber er scheint tatsächlich geglaubt zu haben, daß seine alten Paladine ihm in den Tod folgen würden. Am frühen Morgen ließ er Dönitz von Bormann seine Reaktion auf diesen von der Auslandspresse gemeldeten „neuen Verrat" übermitteln. Der Großadmiral wurde aufgefordert, blitzschnell und mit eiserner Strenge gegen alle Verräter im norddeutschen Raum vorzugehen. Schörner, Wenck und die anderen sollten ohne Ausnahme ihre Loyalität unter Beweis stellen, indem sie den Führer so rasch wie möglich entsetzten.

Bei Tagesanbruch griff Wencks XX. Korps mit den Divisionen „Clausewitz", „Scharnhorst" und „Theodor Körner" an – mit sogenannten Jugenddivisionen aus Offiziersanwärtern. Sie brachten zum letztenmal jugendlichen Schwung in die ansonsten trübselige Szene und legten bis zum Nachmittag 25 Kilometer bis zur Spitze des Schwielow-Sees südwestlich von Potsdam zurück. Aber ihre Flanken waren nicht gesichert, und der Lehniner Forst hinter ihnen steckte voller Russen, die sich schnell von ihrer ursprünglichen Überraschung erholten.

Eine Fortsetzung des Angriffs bis in das noch über 30 Kilometer entfernte Berlin war offensichtlich ausgeschlossen. Nach Einbruch der Dunkelheit stellte die Potsdamer Garnison die Verbindung zu den drei Divisionen her und kam in Ruderbooten über den See. Später an diesem Abend gestattete Keitel Wenck, den Angriff abzubrechen: „Wenn der Kommandierende General der 12. Armee in vollem Bewußtsein seiner gegenwärtigen Lage beim XX. Korps und trotz der hohen geschichtlichen und moralischen Verantwortung, die er trägt, eine Fortsetzung des Angriffs in Richtung Berlin für nicht durchführbar hält ..."

An diesem 29. April war die Heeresgruppe Weichsel für den größten Teil des Tages führerlos. Heinrici weigerte sich, Absetzbewegungen zu befehlen, was in der Praxis bedeutete, daß er überhaupt keine Befehle erteilte. Er hatte an diesem Tag erfahren, daß Jodl sich in die inneren Angelegenheiten der Heeresgruppe eingemischt und zumindest einem Korps an der Südflanke befohlen hatte, ihm einen etwa von der Heeresgruppe kommenden Rückzugsbefehl sofort zu melden.

Am Morgen des 29. April hatte Manteuffel es abgelehnt, den Oberbefehl zu übernehmen, und Keitel gebeten, ihn in dieser für seine eigene Armee kritischen Situation nicht mit einer Aufgabe zu betrauen, die der gegenwärtige Kommandierende General, der das Vertrauen aller Kommandeure besitze, angeblich nicht ausgeführt habe. Die Armeeführer Manteuffel und Tippelskirch, dessen 21. Armee zu diesem Zeitpunkt die Südfront von Steiner übernahm, hatten sich zuvor darauf geeinigt, Heinricis Ablösung unter keinen Umständen zu unterstützen.

Nachmittags fuhren Keitel und Jodl, denen bekannt war, daß Tippelskirch sich ebenfalls weigern wollte, zu Tippelskirchs Befehlsstand und setzten ihm in einer einstündigen Unterredung zu, den Oberbefehl zu übernehmen, bis Generaloberst Student aus Holland eingetroffen sei. Keitel „erinnerte Tippelskirch mit äußerstem Nachdruck an seine Pflicht". Obwohl Tippelskirch es wie die meisten deutschen Generale nicht über sich gebracht hätte, einen klaren Befehl zu verweigern, war er kein Feigling und hatte schon früher ein unabhängiges Urteil bewiesen – vor allem als Kommandierender General der 4. Armee, als die Heeresgruppe Mitte im Jahre 1944 zerschlagen worden war. Jetzt ließ er sich offenbar durch das von Jodl vorgebrachte Argument, die Heeresgruppe müsse ein möglichst großes Gebiet halten – nicht um Berlin entsetzen zu können, sondern um der politischen Führung ein Faustpfand für etwaige Verhandlungen mit dem Gegner zu sichern –, dazu bewegen, Heinrici in den Rücken zu fallen.

Im Laufe des Tages kam die Offensive der 2. Weißrussischen Front im Norden an Anklam vorbei, im Mittelabschnitt an Neubrandenburg und Neustrelitz vorbei und im Süden im Raum Zehdenick-Liebenwalde über die Havel voran. Im Rücken der Heeresgruppe Weichsel eroberte Montgomery an diesem Tag einen Brückenkopf auf dem östlichen Elbufer.

Dönitz, der einen feindlichen Vorstoß in Richtung Hamburg und Lübeck befürchtete, durch den sein Hauptquartier in Holstein abgeschnitten worden wäre, verlangte den Einsatz der für die Heeresgruppe Weichsel und die 12. Armee bestimmten Verstärkungen an der Elbe statt im Osten. Kurz nach Mittag wurde der Fesselballon, über den die Richtfunkverbindung nach Berlin aufrechterhalten worden war, abgeschossen. Da das Oberkommando der Wehrmacht sich zu diesem Zeitpunkt praktisch an der Front befand, wurde es einige Stunde später von Neu Roofen nach Norden verlegt.

Im Führerbunker war der 29. April ein Tag des Wartens, während über der Erde Tod und Vernichtung herrschten. In der Nacht zum 29. April hatten Hitler und Eva Braun geheiratet, und Hitler hatte in den frühen Morgenstunden sein politisches und privates Testament gemacht. In seinem politischen Testament ernannte er Dönitz zu seinem Nachfolger, dem er die Titel Reichspräsident und Oberster Befehlshaber der Wehrmacht verlieh. Hitler selbst hatte 1934 nach Hindenburg die Befugnisse des Reichspräsidenten übernommen, aber diesen Titel nie geführt. Als Diktator bis zum letzten schrieb er Dönitz die Zusammensetzung seines Kabinetts vor – mit Goebbels als Reichskanzler und Bormann als Parteiminister.

Er konnte fast auf die Stunde genau vorhersagen, wieviel Zeit ihm noch blieb. Weidling hatte ihm gemeldet, in der vergangenen Nacht habe die Luftwaffe nur wenige Tonnen Nachschub abgeworfen, und da in der kommenden Nacht mit einem Ausfall der Versorgungsflüge gerechnet werden mußte, würden die

Munitionsbestände am Abend des 30. April zu Ende gehen.

Am 29. April kurz vor Mitternacht setzte Hitler seinen letzten Funkspruch ab. In fünf an Jodl gerichteten kurzen Fragen versuchte er erneut, ein Wunder zu erzwingen:

1. Wo stehen Wencks Angriffsspitzen?
2. Wann greifen sie wieder an?
3. Wo ist die 9. Armee?
4. Wohin bricht sie durch?
5. Wo stehen die Spitzen von Holstes XLI. Panzerkorps?

Aber diesmal würde das Wunder ausbleiben. Das mußte dem Führer mitgeteilt werden, und Keitel, der sich seiner geschichtlichen Verantwortung bewußt war, nahm diese Aufgabe auf sich. In der trockenen, unpersönlichen Sprache eines Lageberichts setzte er den Schlußpunkt hinter eines der größten und katastrophalsten Militärabenteuer, das die Welt je erlebt hatte:

Zu 1. Wencks Angriff ist südlich des Schwielow-Sees liegengeblieben. Starke russische Angriffe entlang der gesamten Ostflanke.

Zu 2. Als Folge kann die 12. Armee den Angriff in Richtung Berlin nicht fortsetzen.

Zu 3. und 4. Die 9. Armee ist eingeschlossen. Eine Panzergruppe ist nach Westen ausgebrochen. Standort unbekannt.

Zu 5. Korps Holste ist von Brandenburg über Rathenow nach Kremmen zur Defensive gezwungen.

Der Angriff in Richtung Berlin ist an keiner Stelle mehr vorangekommen, da die Heeresgruppe Weichsel auf ihrer gesamten Front von nördlich Oranienburg über Neubrandenburg nach Anklam ebenfalls in die Defensive gezwungen worden ist.

Am Nachmittag des 30. April 1945 gegen 15.30 Uhr verübten Hitler und seine Frau Selbstmord, „um der Schande des Absetzens oder der Kapitulation zu entgehen“. Adolf Hitler schoß sich in den Kopf; Eva Hitler nahm Gift. Angehörige der Leibstandarte trugen die Leichen ins Freie, versuchten, sie mit Benzin zu verbrennen, und vergruben die Überreste in einem Granattrichter, als das Benzin ausging. Einen halben Kilometer von ihnen entfernt stürmten die Russen den Reichstag. Bormann schickte Dönitz einen Funkspruch: „Großadmiral Dönitz. An Stelle des bisherigen Reichsmarschalls Göring setzt der Führer Sie, Herr Großadmiral, als seinen Nachfolger ein. Schriftliche Vollmacht unterwegs. Ab sofort sollen Sie sämtliche Maßnahmen verfügen, die sich aus der gegenwärtigen Lage ergeben.“ Aber Bormann verschwieg ihm die wichtigste Tatsache – den Tod Hitlers. Das war ein Trumpf, den er noch nicht aus der Hand zu geben bereit war.

Während die SS-Männer Hitlers Leiche hinter dem Trümmerhaufen verbrannten, der einst die Reichskanzlei gewesen war, ließ Keitel Winters Befehlsstab B eine Weisung übermitteln, deren erster Satz lautete: „Der Versuch, Berlin zu entsetzen, ist fehlgeschlagen.“

Im Norden war nach Keitels Ausführungen beabsichtigt, die 12. Armee nach Norden zur Heeresgruppe Weichsel durchbrechen zu lassen, um mit vereinten Kräften eine Linie zu halten, die von der Elbemündung nach Havelberg (am Zusammenfluß von Havel und Elbe) und von dort aus in nördlicher Richtung nach Rostock verlief. Im Süden sollte ein großer Verteidigungsring gebildet und vor allem nach Osten hin gestärkt werden, um möglichst große Gebiete „vor dem Bolschewismus zu bewahren“.

Der Kampf um politischen Zeitgewinn müsse weitergehen, hieß es dann; jeder Versuch, eine militärische oder politische Auflösung herbeizuführen, müsse durch rücksichtslose Gewaltanwendung unterdrückt werden. Keitel wußte nicht, daß Hitler tot war; er führte den Krieg weiter, wie sein Herr und Meister es von ihm erwartet hätte – bis hin zu dem Versuch, seinen Durchhaltebefehl durch „politische“ Motive plausibler zu machen.

Die in dieser Nacht im Führerbunker Zurückgebliebenen verfügten noch über drei Aktivposten, die sie zu ihrem Vorteil auszuwerten hofften: das Wissen, daß der Führer tot war, den Regierungssitz (was davon noch übrig war) und die beiden potentiell mächtigsten Männer der neuen Reichsregierung. Wie alle führenden Nazis außer Hitler schienen sie nicht zu begreifen, was die Weltöffentlichkeit von ihnen dachte.

Krebs war vor dem Krieg Mitarbeiter des deutschen Militärattachés in Moskau gewesen und sprach Russisch. Am 1. Mai um 1.00 Uhr morgens machte er sich mit einer weißen Flagge auf den Weg zu den Russen. Er brauchte nicht weit zu gehen. Die Front verlief zu diesem Zeitpunkt durch den Tiergarten unmittelbar westlich der Reichskanzlei und hatte im Osten schon fast den Wilhelmsplatz erreicht. Krebs wurde zum vorgeschobenen Befehlsstand der 8. Garde-Schützenarmee gebracht und dort von General Wassili I. Tschuikow empfangen.

Die Russen waren sichtlich enttäuscht, als sich herausstellte, daß Krebs nicht gekommen war, um über eine Kapitulation zu verhandeln. Tatsächlich wollte er lediglich eine Vereinbarung schließen. Er überbrachte die, wie er sagte, ausschließlich für Stalin bestimmte Nachricht von Hitlers Tod und schlug vor, die Russen sollten in einen Waffenstillstand einwilligen und der neuen Reichsregierung gestatten, in Berlin zusammenzutreten. Tschuikow erstattete dem Oberkommando der 1. Weißrussischen Front telefonisch Bericht und bemühte sich offenbar, Krebs zu Kapitulationsverhandlungen zu bewegen, die Krebs ablehnte, weil er recht gut wußte, daß weder er noch die anderen im Führerbunker dazu ermächtigt waren. Später traf Sokolowski ein, der inzwischen mit Moskau telefoniert hatte, sprach mit Krebs und teilte ihm seine Entscheidung mit.

Um zehn Uhr, als möglicherweise der Eindruck vorherrschte, daß Krebs nicht durchgekommen sei, schickte Bormann einen zweiten Funkspruch an Dönitz: „Testament in Kraft. Ich werde so rasch als möglich zu Ihnen kommen. Bis dahin meines Erachtens Veröffentlichung zurückstellen."

Mittags kehrte Krebs in den Führerbunker zurück. Die Russen waren damit einverstanden, daß Dönitz nach Berlin kam und daß die neue Reichsregierung dort zusammentrat, aber sie wollten keinen Waffenstillstand bewilligen, sondern forderten die Kapitulation. Goebbels bestand darauf, in Übereinstimmung mit Hitlers Wünschen eine Kapitulation abzulehnen, und wiederholte seinen bereits angekündigten Entschluß, dem Führer in den Tod zu folgen.

Um 15.15 Uhr – fast genau 24 Stunden nach Hitlers Selbstmord – schickte Goebbels Dönitz einen Funkspruch, den letzten aus dem belagerten Bunker in Berlin: „Führer gestern 15.30 verschieden. Testament vom 29.4. überträgt Ihnen das Amt des Reichspräsidenten ... Das Testament wurde auf Anordnung des Führers an Sie ... herausgebracht. Reichsleiter Bormann versucht noch heute, zu Ihnen zu kommen, um Sie über die Lage aufzuklären. Form und Zeitpunkt der Bekanntgabe an Öffentlichkeit und Truppe bleibt Ihnen überlassen. Eingang bestätigen." (Drei Kuriere mit Exemplaren des Testaments für Dönitz und Schörner, den Hitler zu seinem Nachfolger als Oberbefehlshaber des Heeres ernannt hatte, hatten am 29. April den Führerbunker verlassen. Obwohl alle drei aus Berlin herauskamen, erreichte keines der Testamente seinen Empfänger.)

Goebbels und seine Frau begingen Selbstmord, nachdem sie ihre Kinder vergiftet hatten, und wurden dann von einem SS-Offizier verbrannt. Bormann fand vermutlich bei einem Ausbruchsversuch den Tod, aber diese Annahme galt als so wenig verbürgt, daß der Internationale Militärgerichtshof ihn in Nürnberg in Abwesenheit verurteilte. Krebs und Generaloberst Wilhelm Burgdorf, Hitlers berüchtigter Chefadjutant und Chef des Heerespersonalamts, wollten Selbstmord verüben und taten es vermutlich auch.

Die russischen Vorstöße nach Berlin hinein waren

im Norden und Süden stärker als im Osten und Westen gewesen, so daß der Kessel am 1. Mai im Westen und Nordosten noch fast bis zum S-Bahnring reichte, obwohl seine größte Breite nur knapp einen Kilometer betrug. Das Reichstagsgebäude fiel am Morgen des 1. Mai. Die SS hatte die Ruine fast so erbittert verteidigt, als ob sie das Symbol des Nationalsozialismus sei, für das die Russen sie hielten.

Die Division „Müncheberg" – oder vielmehr ihre Überreste: fünf Panzer, vier Geschütze und eine Handvoll Soldaten – kämpfte im Tiergarten am Aquarium und dem Zoobunker, dem riesigen Luftschutzbunker im Tiergarten, in dem Tausende von Zivilisten dem Erstickungstod nahe waren. Die Funker hatten ihre Geräte eingeschaltet, aber sie empfingen nichts – keine Meldungen, keine Befehle. Die Russen stießen durch U-Bahntunnel vor, und die Schreie von Zivilisten zeigten, wo sie sich gerade befanden. Überall roch es nach Tod und Verwesung. Das Gerücht von Hitlers Tod führte zu Plänen für einen Ausbruch nach Westen, und kurz vor Einbruch der Dunkelheit kehrte ein Spähtrupp mit der Meldung zurück, daß die Havelbrücken bei Spandau nur schwach verteidigt seien.

Am 2. Mai kurz nach fünf Uhr empfing Tschuikow den zweiten deutschen Besucher, als General Weidling zu ihm kam, um die Stadt zu übergeben. Weidling hatte an einen Ausbruch gedacht, war aber zu der Ansicht gekommen, daß ihm dafür der Raum und die Mittel fehlten. Die Übergabeverhandlungen dauerten nicht lange, denn Weidling wußte, daß er der anderen Seite auf Gnade oder Ungnade ausgeliefert war. Er schrieb einen Aufruf nieder, in dem er die deutschen Truppen zur Kapitulation aufforderte; dann besprach er damit ein Tonband, das von sowjetischen Lautsprecherwagen abgespielt werden sollte.

Nachmittags wurden russische Flugblätter mit Weidlings Aufruf über dem Tiergarten abgeworfen, während Lautsprecher, die den Kampflärm übertönen mußten, seine Stimme bis zur Unkenntlichkeit verzerrten. Die Schlacht war jedenfalls zu Ende, und die Division „Müncheberg“ sowie ein in letzter Minute noch aufgekreuzter Teil der 17. Panzergrenadierdivision beschlossen, den Durchbruch nach Westen zu wagen. Sie traten nach Einbruch der Dunkelheit an und hatten im Morgengrauen eine Havelbrücke erobert, aber die Russen beschossen sie von einem in der Nähe liegenden Fort aus, und Hunderte von Flüchtlingen, die ebenfalls die Stadt zu verlassen versuchten, strömten über die Brücke.

Die letzten Panzer und Lastwagen der beiden Divisionen rollten schließlich durch und über diese Menschenmassen hinweg nach Westen. Als die Infanterie die Brücke passierte, stand das Blut auf der Fahrbahn. Jenseits der Havel löste der Verband sich jedoch auf. Jeder dachte nur noch an sich selbst. Die Nachhuten konnten die angreifenden Russen nicht aufhalten. Innerhalb eines Tages waren noch in Sichtweite der brennenden Stadt nur mehr isolierte Gruppen übrig – keine Soldaten mehr, sondern nur noch Flüchtlinge, die sich in Wäldern und sumpfigen Niederungen versteckt hielten.

Der russische Schrifsteller Simonow kam unmittelbar nach dem Ende der Kämpfe in die Stadt. Seiner

Darstellung nach war das der 2. Mai, aber sein Besuch muß zwei oder drei Tage später stattgefunden haben. Simonow ging durch den Zoologischen Garten. Die gefallenen Russen lagen zugedeckt auf Parkbänken; die deutschen Gefallenen lagen noch dort, wo sie den Tod gefunden hatten. Ein totes Nilpferd, aus dessen Seite die Stabilisierungsflächen einer nicht detonierten Werfergranate ragten, trieb verendet in seinem Becken. Ein alter Tierpfleger trauerte um seine toten Schützlinge, ohne sich um die außerhalb der Käfige liegenden gefallenen Soldaten zu kümmern. In der Reichskanzlei durchsuchten Soldaten die Ruinen; sie hatten Goebbels', aber noch nicht Hitlers Leiche gefunden. Aus allen Himmelsrichtungen strömten russische Truppen und Fahrzeuge nach Berlin.

Kapitulation

Am 30. April, bevor Dönitz wußte, daß Hitler tot war, hatte er dem Führer „unabdingbare Treue" geschworen und ihm versprochen, er werde „diesen Krieg so zu Ende führen, wie es der einmalige Heldenkampf des deutschen Volkes verlangt". Aber Dönitz' Treue war professionell, nicht sentimental. Am nächsten Tag stellte er fest, daß die militärische Lage Deutschlands aussichtslos sei – eine Schlußfolgerung, vor der er sich bis dahin erfolgreich gedrückt zu haben schien. In seinen am 2. Mai erlassenen Weisungen wiederholte er, was er am Vorabend in einer Rundfunkansprache ausgeführt hatte: „Meine erste Aufgabe ist es, deutsche Menschen vor der Vernichtung durch den vordrängenden bolschewistischen Feind zu retten. Nur für diesen Zweck geht der militärische Kampf weiter. So weit und so lange die Erreichung dieses Zieles durch Briten und Amerikaner behindert wird, werden wir uns weiter gegen sie verteidigen und weiterkämpfen müssen."

Dönitz versuchte, einer bedingungslosen Kapitulation dadurch zu entgehen, daß er Übergabeverhandlungen auf „Heeresgruppenebene" anstrebte. Als ersten Schritt ernannte er Admiral Hans-Georg von Friedeburg zum Leiter einer Delegation, die mit Montgomery eine Vereinbarung zum Schutz Hamburgs aushandeln sollte.

Für die Heeresgruppe Weichsel kam das Ende rascher und gnädiger, als die Deutschen erwartet haben konnten. Montgomerys 21. Heeresgruppe, die am 2. Mai aus ihrem Brückenkopf östlich der Elbe ausgebrochen war, erreichte am nächsten Tag die Ostseeküste bei Lübeck und Wismar. Einheiten der amerikanischen 9. Armee stießen nach Osten vor und erreichten Ludwigslust und Schwerin. In Schwerin nahmen amerikanische Panzertruppen den Generalquartiermeisterstab der Heeresgruppe Weichsel gefangen. Generaloberst Student, der am 1. Mai den Oberbefehl über die Heeresgruppe übernommen hatte, konnte sich gerade noch in Sicherheit bringen. Die 2. Weißrussische Front erreichte Wittenberge, Parchim und Bad Doberan.

Zwischen der sowjetischen und der anglo-amerikanischen Front waren die 3. Panzerarmee und die 21. Armee jetzt in einem 25 bis 30 Kilometer breiten Schlauch zusammengedrängt, der von der Elbe bis zur Ostsee reichte. In der Nacht zum 3. Mai ergaben Manteuffel und Tippelskirch sich mit ihren Armeen, die sich praktisch aufgelöst hatten, den Amerikanern. Jodl hatte in letzter Minute einen Befehl aufgesetzt, der sie dazu ermächtigte, aber er verschwand mit dem Vermerk „Übermittlung nicht mehr möglich" in den Akten.

Das XX. Korps der 12. Armee hatte in der Nacht zum 2. Mai südwestlich von Potsdam seinen Rückzug begonnen. Am nächsten Morgen ließ es 30000 Überlebende der 9. Armee durch seine Linien passieren, nachdem Funkverbindung mit der 9. Armee hergestellt worden war, so daß die Marschierenden den ge-

Das Ende der Hauptstadt von Deutschland

Der Aufbauwille ist nicht zu brechen: die berühmten Berliner Trümmerfrauen

meldeten russischen Kräftekonzentrationen ausweichen konnten. Am Nachmittag des 3. Mai entsandte Wenck General Maximilian Freiherr von Edelsheim über die Elbe zur amerikanischen 9. Armee, um eine Kapitulation zu vereinbaren.

General Simpson erklärte sich damit einverstanden, so viele Soldaten der deutschen 9. und 12. Armee die Elbe überqueren zu lassen, als dazu (mit Ausnahme der Verwundeten) ohne amerikanische Hilfe imstande waren. Vom 5. Mai morgens bis zum 7. Mai abends gelangte auf diese Weise die Masse der beiden Armeen hinter die amerikanische Linie. Den Deutschen blieb es allerdings unverständlich, daß die Amerikaner sich weigerten, auch die vielen Tausende von Flüchtlingen aufzunehmen, die sich auf dem Ostufer der Elbe zusammendrängten und dort dann den Russen in die Hände fielen.

Die Heeresgruppe Mitte und Kurland sowie die Ostpreußische Armee, diese traurigen Monumente Hitlerscher Feldherrnkunst, warfen größere Probleme auf. Dönitz hatte der Heeresgruppe Mitte ursprünglich einen sofortigen Rückzug nach Westen befehlen wollen; das war ihm von Keitel ausgeredet worden, der bis zuletzt die falschen Schlüsse zog und diesen Rückzug mit dem Argument verhinderte, sobald die Heeresgruppe ihre ausgebauten Stellungen verlasse, könne sie keine geschlossene Frontlinie mehr verteidigen.

Der Heeresgruppe Kurland und der Ostpreußischen Armee teilte Dönitz mit, er wolle mit Duldung und „unter gewissen Umständen sogar Unterstützung“ der Engländer und Amerikaner eine Evakuierung durchführen, um „innerhalb von zehn Tagen" 50000 Mann der Heeresgruppe Kurland und bis zu 100000 Mann der Ostpreußischen Armee nach Deutschland zurückzuholen. Als Friedeburg am 4. Mai meldete, Montgomery sei damit einverstanden, die Kapitulation aller deutschen Truppen in den Niederlanden, Dänemark und Norddeutschland entgegenzunehmen, wies Dönitz ihn an, Verbindung mit Eisenhower aufzunehmen und eine weitere Teilkapitulation auszuhandeln. Er sollte Eisenhower vor allem erläutern, weshalb eine völlige Kapitulation an allen Fronten dem Großadmiral unmöglich erscheine. Am 6. Mai berichtete Friedeburg jedoch, Eisenhower fordere die sofortige und gleichzeitige bedingungslose Kapitulation.

Nachmittags traf Jodl in dem vorgeschobenen SHAEF-Hauptquartier in Reims ein. Dönitz hatte ihm den Auftrag erteilt, Eisenhower nochmals „vollständig und offen" die Gründe darzulegen, aus denen den Deutschen eine totale Kapitulation unmöglich erscheine. Falls dieser Vorstoß erfolglos blieb, sollte er versuchen, eine schrittweise Kapitulation mit einer möglichst langen Zeitspanne zwischen dem Ende der Kampfhandlungen und dem Zeitpunkt, an dem die Truppen ihre Waffen abgeben und alle Bewegungen einstellen mußten, auszuhandeln.

Am 7. Mai um 0.15 Uhr erhielt Dönitz einen Funkspruch, in dem Jodl meldete, Eisenhower bestehe darauf, daß die Gesamtkapitulation „heute" unterzeichnet werde und am 8. Mai um 24 Uhr in Kraft trete, sonst werde er Anweisungen geben, den Durchgang weiterer Soldaten und Flüchtlinge durch die amerikanischen Linien zu verhindern. Jodl fügte hinzu, er sehe keinen anderen Ausweg, als zu unterzeichnen.

Dönitz schloß daraus, daß Jodl, der sich zuvor am nachdrücklichsten gegen eine Gesamtkapitulation ausgesprochen hatte, zu der Überzeugung gelangt sein müsse, bessere Bedingungen seien unmöglich zu erreichen. Deshalb ermächtigte er ihn zur Unterzeichnung, und der neue Außenminister Lutz Graf Schwerin von Krosigk gab die Kapitulation um 0.45 Uhr im Rundfunk bekannt.

Um 1.30 Uhr wies Dönitz alle Kommandeure an der Ostfront an, ihre Truppen so rasch wie möglich nach Westen zurückzuführen und sich notfalls durch die Russen „durchzuschlagen"; alle Kampfhandlungen gegen die Westalliierten sollten sofort eingestellt werden. Um 1.45 Uhr setzte Jodl im SHAEF-Hauptquartier in Reims seine Unterschrift unter die Kapitulationsurkunde. Generalleutnant Walter Bedell Smith, der Chef des Stabes, unterzeichnete als Vertreter des Obersten Befehlshabers der Alliierten Expeditionsstreitkräfte, und Generalmajor Iwan Suslaparow unterzeichnete für das Oberkommando der Roten Armee. Die deutschen Streitkräfte hatten „die Kampfhandlungen um 23.01 Uhr mitteleuropäischer Zeit am 8. Mai 1945 einzustellen, in den Stellungen zu verbleiben, die sie zu diesem Zeitpunkt innehaben, und sich vollständig zu entwaffnen."

Die Kapitulationsurkunde war ein kurzes Dokument mit nur fünf Absätzen, dessen erster zugleich der wichtigste war: „Wir, die hier Unterzeichneten, die wir im Auftrag des Oberkommandos der deutschen Wehrmacht handeln, übergeben hiermit bedingungslos dem Obersten Befehlshaber der Alliierten Expeditionsstreitkräfte und gleichzeitig dem Oberkommando der Roten Armee alle gegenwärtig unter deutschem Befehl stehenden Streitkräfte zu Lande, zu Wasser und in der Luft."

Die Urkunde war im letzten Augenblick im SHAEF-Hauptquartier aufgesetzt worden. Der in halbjährigen Verhandlungen von der Europäischen beratenden Kommission ausgearbeitete Entwurf wurde nicht verwendet. Vor allem den Amerikanern war es später sehr peinlich, daß die zuvor ausgearbeitete Kapitulationsurkunde nicht auf dem Dienstweg über die Kombinierten Stabschefs zu Eisenhower gelangt war.

Obwohl die Unterzeichnung in Reims völlig ausreichte, um die deutsche Kapitulation zu besiegeln, bestanden die Russen auf einer zweiten feierlichen Unterzeichnung in Berlin. Eisenhower, der Oberste Befehlshaber der Westalliierten, vertrat die Auffassung, die Kapitulation sei in Reims bewirkt worden, und die Zeremonie in Berlin komme lediglich einer Ratifizierung gleich. Deshalb nahm er nicht selbst an ihr teil, sondern entsandte seinen Stellvertreter, Luftmarschall Tedder, an der Spitze einer Delegation, zu der auch General Carl Spaatz, der Kommandierende General der Strategischen Luftstreitkräfte der Vereinigten Staaten, und General Jean de Lattre de Tassigny, der Oberstkommandierende der 1. französischen Armee, gehörten.

Die Unterzeichnung sollte am 8. Mai um 14 Uhr stattfinden. Die SHAEF-Delegation traf rechtzeitig ein, mußte aber mehrere Stunden warten, bis Schukows politischer Berater, Andreij J. Wischinski, aus Moskau eingetroffen war. Unterdessen hatte sich bereits eine weitere Schwierigkeit ergeben. Die Russen hatten eine Wand des Raumes, in dem die Unterzeichnung stattfinden sollte – ein kleiner Speisesaal in der Pionierschule Karlshorst im Südosten Berlins –, mit den Fahnen der Siegermächte geschmückt. Lattre de Tassigny protestierte dagegen, daß die französische Fahne fehlte. Da die Russen keine Trikolore hatten, wollten sie eine anfertigen – aber beim ersten Versuch kam eine niederländische Fahne heraus.

Nachdem Wischinski, den die Besucher dem Namen nach als Ankläger bei den sowjetischen Schauprozessen der dreißiger Jahre kannten, angekommen war, entstand einige Stunden lang der Eindruck, die Unterzeichnung werde vielleicht überhaupt nicht stattfinden – zumindest nicht rechtzeitig genug, um noch sinnvoll zu sein. Schukow und Tedder hatten sich darauf verständigt, daß sie die Urkunde unterzeichnen würden, während Spaatz und Lattre de Tassigny als Zeugen unterzeichnen sollten, wie in Reims der französische Generalmajor François Sevez als Zeuge mitunterzeichnet hatte.

Wischinski erklärte, Lattre de Tassigny dürfe unterzeichnen, um die Wiedergeburt Frankreichs zu symbolisieren, aber da Tedder die Engländer und Amerikaner vertrete, dürfe Spaatz nicht ebenfalls unterzeichnen. Spaatz bestand darauf, seine Unterschrift zu leisten, wenn Lattre de Tassigny unterzeichne, und der französische General erklärte, er verdiene aufgehängt zu werden, wenn er nach Frankreich zurückkehre, ohne die deutsche Kapitulation mitunterzeichnet zu haben. Erst kurz vor 23 Uhr stimmten die Russen zu, beide unterzeichnen zu lassen – etwas unterhalb der Hauptpersonen.

Die Zeremonie begann kurz nach 23 Uhr und hätte zeitweise beinahe komisch wirken können, wenn der Anlaß nicht so ernst gewesen wäre. Der Raum war zu klein, um allen Offizieren und Pressekorrespondenten bequem Platz zu bieten. Tedders Delegation bestand aus drei Flugzeugladungen Menschen. Drei sowjetische Generale, die verspätet eintrafen, nahmen an einem kleinen Tisch mit drei leeren Stühlen Platz – dem für die deutsche Delegation reservierten Tisch – und mußten erst wieder vertrieben werden.

Lattre de Tassigny beeindruckte die Russen am meisten – vor allem wegen seiner eleganten Uniform. Spaatz wirkte ihrer Ansicht nach gereizt und unzufrieden, was er bestimmt war. Nachdem die sowjetischen und westalliierten Vertreter Platz genommen hatten, ließ Schukow die deutsche Delegation hereinholen: Keitel, Friedeburg, Generaloberst Hans Jürgen Stumpff, der die Luftwaffe vertrat, und ein halbes Dutzend Adjutanten. Keitel, der ein Monokel trug, verärgerte die Sieger durch sein arrogantes Auftreten und verblüffte viele der Anwesenden, als er die rechte Hand mit dem Marschallstab zum Deutschen Gruß erhob, was an eine Übung mit einer Hantel erinnerte. Die übrigen Deutschen wirkten bedrückt und hatten offenbar Mühe, Fassung zu bewahren.

Die Unterzeichnung, bei der die deutsche Delegation zuletzt unterschrieb, war etwa eine Viertelstunde vor Mitternacht beendet. Nachdem Schukow die Deutschen entlassen hatte, bot er den Anwesenden

Füllfederhalter als Erinnerungsgeschenk an, aber sie fanden keine Abnehmer. Alle hatten mit ihrem eigenen Füllfederhalter unterschrieben – nur Spaatz und Lattre de Tassigny nicht, die nach ihrem Sieg in dem langen Kampf um die Zeichnungsberechtigung hatten feststellen müssen, daß sie ihre Füllfederhalter vergessen hatten.

Obwohl die Kapitulation unterzeichnet war, wußten Dönitz und das Oberkommando der Wehrmacht nicht, ob es ihnen gelingen würde, die Einhaltung der Kapitulationsbedingungen an der Ostfront durchzusetzen. Ihre Zweifel waren zum Teil sicher auch durch den Wunsch begründet, die vereinbarte Übergabe an die Russen in größtmöglichem Ausmaß zu umgehen, ohne sich dadurch Vergeltungsmaßnahmen auszusetzen. Jodl hatte sich in dieser Beziehung schon im voraus rückversichert, indem er sich von Eisenhowers Stabschef Smith hatte bestätigen lassen, daß das Oberkommando der Wehrmacht nicht zur Verantwortung gezogen werden solle, falls „einzelne Soldaten und verschiedene Truppeneinheiten" den Befehl verweigerten und sich nicht den Russen ergaben.

Die größten Sorgen machte man sich um die Heeresgruppe Mitte, weil sie der stärkste noch an der Ostfront stehende Verband war, weil sie den weitesten Weg bis zu den amerikanischen Linien hatte (d.h. von den Verbänden, die überhaupt eine Chance hatten, sich zu den Anglo-Amerikanern zu retten) und weil niemand wußte, wie Schörner auf die Kapitulation reagieren würde. Schörner hatte erst am 2. Mai gemeldet, er habe seine Truppe fest in der Hand und beginne mit der selbständigen Herstellung von Munition und Treibstoff. Soviel bekannt war, wollte er kämpfend hinter die Moldau-Elbe-Linie zurückgehen, bevor er sich ergab.

Am 8. Mai suchte ein Oberst aus dem Oberkommando der Wehrmacht Schörner in Begleitung eines amerikanischen Offiziers auf. Der Oberst berichtete, Schörner habe befohlen, die Kapitulationsbedingungen einzuhalten; er gebe aber zu bedenken, daß es ihm nicht möglich sei, ihre Einhaltung überall zu überwachen. Sein Besucher hatte ihm versichert, diese Schwierigkeiten würden dem Oberkommando der Wehrmacht und den Amerikanern zur Kenntnis gebracht. Aber Dönitz hätte weder befürchten müssen, daß Schörner einen Kampf bis zur letzten Patrone führen könnte, noch hoffen dürfen, daß es ihm irgendwie gelingen würde, seine Heeresgruppe vor den Russen zu retten. Schörner ließ seine Soldaten am 8. Mai im Stich, als er in Zivilkleidung mit einem Kurierflugzeug aus der Tschechoslowakei flüchtete. Zehn Tage später stellte er sich selbst den Amerikanern.

85 Kilometer – 55 Tage

Der Krieg war zu Ende, aber die Russen ließen keineswegs erkennen, daß sie Berlin mit ihren Verbündeten teilen wollten. Tatsächlich existierte der ursprüngliche Grund für die Eile, mit der die Westalliierten nach Berlin gedrängt hatten – die Notwendigkeit, die deutsche Zentralverwaltung unter gemeinsame Kontrolle zu bekommen –, praktisch nicht mehr. Die deutsche Regierung war noch gründlicher als erwartet zusammengebrochen, und von den rudimentären Resten deutscher Behörden befanden sich nur sehr wenige in Berlin. Die SHAEF-Truppen hatten die deutschen Befehlsstellen im Nord- und Südraum gefangengenommen und fanden in den Westzonen größere Teile der deutschen Akten und des Personals der ehemaligen Berliner Ministerien vor, als den Russen in die Hände gefallen waren.

Mit dem nördlichen Befehlsstab hatte SHAEF das Oberkommando der Wehrmacht und die neue deutsche Reichsregierung in dem Umfang, in dem beide noch existierten, in seiner Gewalt. Nach der Unterzeichnung der Kapitulation war mit diesen beiden Stellen jedoch nicht mehr viel anzufangen. Sie waren bereit, an Entscheidungen mitzuwirken, aber ihnen fehlte die Organisation, durch die sie erst wirksam hätten arbeiten können, und die Alliierten waren entschlossen, die Entscheidungen selbst zu treffen.

Dönitz hatte seinen Regierungssitz nach Flensburg an der dänischen Grenze verlegt, wo er und seine Mitarbeiter von einem SHAEF-Team nach der Kapitulation überwacht wurden. SHAEF weigerte sich, in seiner Gruppe mehr als ein Überbleibsel des Oberkommandos der Wehrmacht zu sehen, aber Dönitz hatte darauf geachtet, Beweise für seine Ernennung zum Nachfolger Hitlers zu erbringen, und stellte deshalb ein juristisches Problem für die Besatzungsbehörden dar. Andererseits fielen Dönitz und die meisten seiner unmittelbaren Untergebenen als Kriegsverbrecher oder gefährliche Nazis in die Kategorien von Deutschen, die automatisch verhaftet werden mußten, so daß Eisenhower die Frage nach ihrer Zukunft am Morgen des 23. Mai damit beantwortete, daß er sie alle unter Arrest stellen ließ.

Aber obwohl die Kontrolle der deutschen Regierung nicht mehr wichtig war, drängten die Engländer und Amerikaner jetzt auf eine Viermächteverwaltung Deutschlands – und Berlin war als Sitz des Alliierten Kontrollrats vorgesehen. Den Russen schien es damit im Gegensatz zu den Westmächten keineswegs eilig zu sein, und zur Bestürzung der Engländer und Amerikaner entstand nach der Kapitulation ein juristisches Hindernis, an dem die geplante Viermächteverwaltung zu scheitern drohte. Durch die Unterzeichnung der Kapitulationsurkunde hatte die deutsche Wehrmacht kapituliert – aber sie enthielt keinen Hinweis auf die Absicht der Alliierten, die politische Macht in Deutschland zu übernehmen. Sie ließ im Gegenteil sogar die Deutung zu, sie betreffe die deutsche Zivilverwaltung überhaupt nicht. Deshalb mußte die Europäische beratende Kommission sich am 9. Mai wieder an die Arbeit machen, um eine Urkunde aufzusetzen, die diese Versäumnisse berichtigen und eine gesetzliche Grundlage für den Alliierten Kontrollrat schaffen würde.

Vorerst waren die Russen durchaus damit zufrieden, Berlin für sich allein zu haben. Schukow hatte Generaloberst N.S. Bersarin am 28. April zum Stadtkommandanten ernannt, und obwohl die Vergewaltigungen und Plünderungen nicht sofort aufhörten, gelang es Bersarin, nach der Kapitulation wieder einigermaßen Ordnung herzustellen. Am 30. April hatten Walter Ulbricht und eine Flugzeugladung emigrierter deutscher Kommunisten Moskau verlassen. Zwei Tage später – noch vor Beendigung der Kämpfe – waren sie in Berlin und suchten Deutsche für eine neue Stadtverwaltung.

In den Wochen danach arbeiteten sie mit Hochdruck am Aufbau dieser Verwaltung in allen Bezirken – auch in denen, die von den Westmächten besetzt werden sollten –, wobei die meisten Posten mit sogenannten *„bürgerlichen* Antifaschisten“ besetzt wurden, während die Schlüsselpositionen stets für Kommunisten reserviert blieben. Frühzeitig auf der Bildfläche erschienen auch russische Reparationskommissionen, die mit Hilfe deutscher Zwangsarbeiter Fabriken, vor allem Industrieanlagen in den zukünftigen Westsektoren, die Bomben und Granaten überdauert hatten, für den Abtransport in die Sowjetunion demontieren ließen.

Nach Abschluß der Kämpfe schienen die Russen in gewisser Beziehung stolz auf Berlin zu sein und eine gewisse Zuneigung für die ehemalige Reichshauptstadt zu empfinden. Zum einen waren sie offenbar schon bald der Überzeugung, die Schlacht um Berlin sei brillant geführt worden und gewissermaßen für den Ausgang des Zweiten Weltkrieges entscheidend gewesen. Zum anderen hielten sie Berlin offensichtlich für das eigentliche Herz Deutschlands, dessen Besitz ihnen psychologischen Einfluß auf den Rest dieses Staates verschaffe – eine vielleicht nicht ganz von der Hand zu weisende Auffassung.

Bersarin redete und handelte manchmal in damals für Russen ganz untypischer Art und Weise, als bewerbe er sich um ein öffentliches Amt, und die Russen versäumten nie, die wenigen Korrespondenten, die nach Berlin kommen durften, darauf hinzuweisen, daß Berlin ihnen als den Siegern gehöre und daß das Bestreben der Westalliierten, dort ebenfalls vertreten zu sein, beinahe parasitär sei. Selbstverständlich vergaßen sie dabei zu erwähnen, daß sie dafür ein volles Drittel ihrer Besatzungszone mit Leipzig, der größten ganz in einer Zone liegenden Stadt, bekommen würden, das die Engländer und Amerikaner mit dem Recht der Sieger hätten beanspruchen können.

Für SHAEF und die Westdeutschen war Berlin im Mai und Juni 1945 nur eine Stimme, allerdings eine kaum zu überhörende Stimme. Schon kurz nach der Kapitulation ließen die Russen Radio Berlin 19 Stunden pro Tag senden. Während Radio Luxemburg unter SHAEF-Leitung nur vier Stunden pro Tag für Deutsche sendete und seine Hörer vor allem mit Bekanntmachungen der Militärregierung und Schilderungen deutscher Greueltaten „unterhielt“, brachte

Radio Berlin den Deutschen Musik, freundliche Plaudereien, Ankündigungen neueröffneter Kinos und Theater in Berlin und Meldungen über den angeblich raschen Wiederaufbau in Berlin und der sowjetischen Besatzungszone. Mit Programmen wie „Mit frohem Mut den Tag beginnen“ verbreitete Radio Berlin Wärme inmitten eines Volkes, das sich ausgestoßen fühlen mußte. Andererseits war die Wirkung außerhalb Berlins und der sowjetisch besetzten Gebiete zweifellos stärker.

Ende Mai stellte die Europäische beratende Kommission eine „Erklärung über die Niederlage Deutschlands und die Übernahme der Staatsgewalt durch die alliierten Mächte“ fertig, die von den Regierungen gebilligt wurde. Sie las sich zum Teil wie eine weitere Kapitulationsurkunde und enthielt sogar die Bestimmung, daß alle Kampfhandlungen deutscher Truppen augenblicklich einzustellen seien. Durch diese Erklärung wurden jedoch die potentiellen Lücken geschlossen, die in der Kapitulationsurkunde offengeblieben waren. Die offizielle Unterzeichnung blieb den vier alliierten Oberkommandierenden in Deutschland überlassen, und nach Ansicht der Westmächte schien dies eine gute Gelegenheit für die Errichtung des Alliierten Kontrollrats in Berlin zu sein.

Am 5. Juni trafen Eisenhower, Montgomery und Lattre de Tassigny in Berlin ein, genauer: sie kamen nach Wendenschloß, einem von reichen Berlinern und Nazigrößen bevorzugten Villenvorort, den die Russen vom Rest der Stadt abgesperrt hatten. Die Generale hatten den Auftrag, die Erklärung zu unterzeichnen und vorzuschlagen, der Alliierte Kontrollrat solle damit als errichtet gelten, so daß die Unterzeichnung seine erste Amtshandlung gewesen wäre. Sie waren sich darüber im klaren, daß es den Russen wahrscheinlich um ein ganz anderes Problem – nämlich die Frage, wann die Westmächte den von ihnen besetzten Teil der sowjetischen Zone räumen würden – gehen würde, aber sie hofften, sich herausreden zu können, weil die englische und amerikanische Regierung sich in dieser Beziehung noch nicht einig waren.

Churchill drängte darauf, die westlichen Alliierten sollten das sowjetische Gebiet besetzt halten, bis die Russen bestimmte Zusagen in bezug auf die Verwaltung Deutschlands gemacht hätten. Die amerikanische Regierung wollte kein eindeutiges Junktim herstellen, schien aber noch keine Entscheidung getroffen zu haben. Deshalb sollten die Generale unterstreichen, die Errichtung des Kontrollrats sei nicht gleichbedeutend mit einem Rückzug aus der sowjetischen Besatzungszone, und keinerlei Zusagen in bezug auf eine Räumung dieses Gebiets machen.

Die Unterzeichnung fand im Jachtklub Wendenschloß unweit der von den Russen für Schukow beschlagnahmten großen Villa am See statt. Nach der Zeremonie schlug Eisenhower vor, der Kontrollrat möge jetzt seine Arbeit aufnehmen. Montgomery und er hatten jeweils ein halbes Dutzend Flugzeuge voller Offiziere mitgebracht, von denen offenbar die meisten in Berlin bleiben sollten, um den Alliierten Kontrollrat funktionsfähig zu machen. Aber Schukow lehnte es strikt ab, den Kontrollrat zu errichten, bevor nicht alle Truppen in die vereinbarten Zonen eingerückt seien. Er sagte, er könne an keinen Entscheidungen über ganz Deutschland betreffende Fragen mitwirken, bevor er in Besitz seiner gesamten Zone sei, und weigerte sich, untergeordnete Stellen schon jetzt die Arbeit aufnehmen zu lassen. Als Montgomery einwarf, die Zurücknahme der englischen und amerikanischen Truppen erfordere Zeit, erkundigte Schukow sich: „Wie lange?“ Montgomery sprach von etwa drei Wochen. Schukow erklärte sich damit einverstanden; bis dahin könnten die Oberbefehlshaber ihre Kontrollratsdelegationen zusammenstellen.

Eisenhower und Montgomery kehrten noch am gleichen Nachmittag in ihre Hauptquartiere im Westen zurück. Die Russen hatten ein prächtiges Bankett vorbereitet, zeigten aber wenig Lust, das große Gefolge der beiden Generale auch nur eine Nacht lang zu beherbergen, so daß die Flugzeuge rechtzeitig starten mußten, um noch bei Tageslicht landen zu können. Damit war die Frage der Errichtung des Alliierten Kontrollrats und des Einzugs der Westmächte in Berlin an die Regierungen zurückverwiesen. Berlin schien schwerer zugänglich zu sein als je zuvor; die Vertreter der Westmächte hatten keinerlei Anzeichen für eine russische Bereitschaft, die Stadt unter Viermächtekontrolle zu stellen, entdecken können.

Unterdessen drängte die Zeit, denn das für Mitte Juli in Potsdam geplante Treffen der Großen Drei rückte näher. Dieser Druck bewog Churchill dazu, von seiner Forderung abzugehen, einen Teil der sowjetischen Besatzungszone als Faustpfand zurückzubehalten. Die Alternative – nur mit Duldung der Russen nach Berlin zu dürfen, ohne dort einen eigenen Sektor zu besitzen – erschien ihm zu unbehaglich.

In einem Brief an Stalin schlug der amerikanische Präsident Harry S. Truman daraufhin vor, den Rückzug der Westmächte aus der sowjetischen Besatzungszone und ihren Einzug in Berlin gleichzeitig stattfinden zu lassen. Er fügte hinzu, die westlichen Alliierten bräuchten jedoch Transitrechte durch die sowjetische Zone, um aus ihren Zonen nach Berlin gelangen zu können. Stalin war damit einverstanden und schlug vor, diesen Wechsel vom 1. bis 4. Juli ablaufen zu lassen; Schukow habe Verhandlungsvollmacht, was die Transitrechte betreffe.

Ende Juni beschlossen die Amerikaner, den ihnen zustehenden Berliner Sektor zu besichtigen. Die Russen hatten sich bereit erklärt, eine Wagenkolonne nach Babelsberg durchzulassen, denn in der dortigen Filmkolonie sollte im Juli die amerikanische Delegation zum Potsdamer Dreimächtetreffen untergebracht werden. Die Wagenkolonne bestand schließlich aus etwa 100 Fahrzeugen mit 500 Offizieren und Mannschaften, davon ungefähr die Hälfte Angehörige der Militärregierung unter Befehl von Oberst Frank L. Howley, dem Kommandeur der für Berlin vorgesehenen Abteilung A1A1.

Der mit der imposanten Bezeichnung Vorläufige Aufklärungsabteilung Berlin versehene Konvoi fuhr am 23. Juni ab und wurde prompt aufgehalten, als er über die Elbbrücke bei Dessau in sowjetisch besetztes Gebiet einfahren wollte. Nach siebenstündigen Diskussionen mit einem russischen General nach dem anderen brachten die Amerikaner 50 Fahrzeuge, 37

Offiziere und 175 Mann über die Elbe – genau so viele, wie die Russen ihnen ursprünglich zugestanden hatten.

Für die Amerikaner war die 85 Kilometer lange Fahrt höchst lehrreich. Sie sahen russische Verschleppte, die erst vor ein, zwei Tagen fröhlich die Elbe passiert hatten, müde in Richtung Berlin marschieren. Die sowjetischen Nachschubkolonnen mit ihren Panjewagen hätten ihrer Ansicht nach besser in den amerikanischen Sezessionskrieg als in den Zweiten Weltkrieg gepaßt, und die Rotarmisten, die sie sahen, wirkten schmutzig und gleichgültig. Die Beobachtungsmöglichkeiten endeten in Babelsberg: Dort ließen russische Wachtposten nicht zu, daß die Amerikaner ihr Lager verließen, und Howley war bei seiner Rückkehr zu seiner Einheit eher davon überzeugt, daß sie wohl nie in Berlin benötigt werden würde.

In Militärkreisen hieß es damals, es sei wahrscheinlich leichter, sich nach Berlin durchzukämpfen, als durch Verhandlungen mit den Russen dorthin zu gelangen – aber niemand konnte sich damals vorstellen, welche Schikanen es noch geben würde.

Am 29. Juni trafen Generalleutnant Lucius D. Clay und Generalleutnant Sir Ronald Weeks, die stellvertretenden amerikanischen und englischen Militärgouverneure, in Berlin ein, um über das Transitabkommen zu verhandeln, zu dessen Abschluß Schukow nach Stalins Mitteilung ermächtigt war. Die Russen, die Lattre de Tassigny schon zweimal besonders zuvorkommend behandelt hatten, lehnten diesmal die Teilnahme eines französischen Vertreters ab, weil

Frankreich noch keinen Sektor in Berlin zugewiesen bekommen hatte.

Clay und Weeks forderten freien Zugang durch die Luft und über die wichtigsten aus ihren Zonen nach Berlin führenden Straßen- und Eisenbahnverbindungen. Schukow wollte ihnen lediglich zwei Luftkorridore, zwei Bahnstrecken und eine Straßenverbindung zugestehen. Die Amerikaner sollten die Autobahn Halle-Dessau-Berlin, die sich bis Dessau noch in amerikanischer Hand befand, bis zum 7. Juli benützen dürfen, das heißt, bis zu ihrer Sperrung wegen der Potsdamer Konferenz. Da die verbleibende Zeitspanne für ausführliche Konsultationen auf dem Dienstweg zu kurz gewesen wäre, erklärten Clay und Weeks sich unter Protest mit der vorgeschlagenen Regelung einverstanden. Aber Schukow stellte eine weitere Bedingung: Er wollte keine offizielle Übergabe des von englischen und amerikanischen Truppen geräumten Teils der sowjetischen Besatzungszone. Statt dessen bestand er auf drei bis fünf Kilometer Abstand zwischen den sowjetischen Vorhuten und den SHAEF-Nachhuten, wodurch gewährleistet war, daß die Masse der jeweiligen Verbände sich überhaupt nicht zu Gesicht bekam.

Die geteilte Stadt

Nach dem Ausflug nach Babelsberg suchte Howley nach einem Quartier für seine Abteilung, in dem sie die weitere Entwicklung abwarten konnte. Als er in der Nähe von Halle geeignete Unterkünfte fand, wollte er am 1. Juli 1945, einem Sonntag, dorthin umziehen. Am Samstag erhielt er jedoch den Befehl, mit seiner Abteilung nach Berlin zu fahren; am Sonntagmorgen verließen die 85 Offiziere und 135 Mannschaften der Abteilung A1A1 in Kampfanzügen und mit Sturmgepäck Halle, passierten Dessau, fuhren über die Elbe und erreichten ohne Schwierigkeiten Berlin. Bis zum Abend hatten sie im Grunewald, dem parkartigen Waldgebiet im Südwesten der Stadt, ihr Lager aufgeschlagen und die erste warme Mahlzeit gekocht.

Die anderen englischen und amerikanischen Abteilungen, die an diesem Tag nach Berlin aufbrachen, hatten weniger Glück. In Dessau und Magdeburg bestritten die sowjetischen Kommandanten zunächst, berechtigt zu sein, die Engländer und Amerikaner passieren zu lassen. Dann zeigten sie sich umständlich wegen der Sicherheit von Brücken besorgt, die sie willkürlich stundenlang sperren und untersuchen oder reparieren ließen. Anfangs weigerten die Russen sich überhaupt, die erste englische Abteilung bei Magdeburg die Autobahnbrücke über die Elbe benützen zu lassen, aber die Engländer fuhren nach mehrstündiger Verzögerung über eine von den Russen nicht bewachte Brücke in der Stadt.

Die Engländer und Amerikaner hatten festgelegt, daß ihre eigentlichen Besatzungstruppen am 3. und 4. Juli in Marsch gesetzt wurden, und wollten höchst eindrucksvoll in Berlin einziehen. Die amerikanische 2. Panzerdivision, eine Eliteeinheit, begann ihren Marsch am 3. Juli morgens, um am nächsten Tag, dem amerikanischen Unabhängigkeitstag, in Berlin eine Parade abhalten zu können. Die Russen hielten die Division in Dessau sechs Stunden lang auf, indem sie behaupteten, einige Brücken seien einsturzgefährdet, und sperrten die Autobahn Dessau-Berlin dann ganz, so daß die Amerikaner den 100 Kilometer langen Umweg über Helmstedt machen mußten.

Am 2. Juni trafen Generalmajor Floyd L. Parks und Generalmajor Lewis O. Lyne, der amerikanische und der englische Standortkommandant für Berlin, mittags mit Generaloberst Alexander W. Gorbatow zusammen, der Bersarins Nachfolger als sowjetischer Stadtkommandant geworden war, nachdem Bersarin bei einem Verkehrsunfall tödlich verunglückt war. Sie einigten sich darauf, daß die Amerikaner und Engländer ihre Sektoren am 5. Juli um null Uhr übernehmen würden, und Gorbatow sagte zu, daß sowjetische Einheiten an der Übernahmezeremonie und der von den Amerikanern vorbereiteten Parade teilnehmen würden.

Die Parade fand am 4. Juli nachmittags in der ehemaligen Adolf-Hitler-Kaserne statt und wurde von den Teilen der 2. Panzerdivision bestritten, die es geschafft hatten, nach Berlin zu gelangen.

Mannschaften und Offiziere waren gereizt und übermüdet, und als die Parade eben zu Ende ging, erhielt Parks eine Mitteilung von Schukow, daß die Westsektoren erst übergeben würden, wenn die *Kommandantura* für ganz Berlin eingerichtet worden sei. Parks, der kein rechtes Vertrauen mehr zu der Zusammenarbeit zwischen den Alliierten hatte, versuchte Schukow zu erreichen. Als das nicht möglich war, wies er Howley an, mit seiner Abteilung wie geplant in die amerikanischen Stadtbezirke einzurücken, wobei er lediglich hinzufügte: „Sehen Sie zu, daß Sie keine allzu großen Schwierigkeiten kriegen." Bei den Engländern war das Durcheinander wegen der russischen Störungsversuche auf den Zufahrtsstraßen inzwischen so groß, daß sie sich schon geweigert hatten, ihren Sektor zu übernehmen, bevor sie Schukows Nachricht erhielten.

Am nächsten Morgen rückten die sechs amerikanischen Unterabteilungen in ihre jeweiligen Verwaltungsbezirke ab. Bis neun Uhr hatten sie ihre Büros geöffnet, die amerikanische Flagge gehißt und die Verordnungen der Militärregierung ausgehängt. Die Russen waren Langschläfer: Sie erschienen erst gegen elf Uhr, um dagegen zu protestieren. Sprachschwierigkeiten behinderten die Verständigung, aber beide Seiten hatten ohnehin nur ein Hauptargument vorzubringen: Die Russen behaupteten, Schukow habe nein gesagt; die Amerikaner behaupteten, Gorbatow habe ja gesagt. Die Russen beriefen sich auf ihre Befehle, und die Amerikaner beriefen sich auf die ihren. Schließlich blieben die Amerikaner – und die Russen ebenfalls.

Als sich nach einigen Tagen zeigte, daß die Russen keine Bestrafung zu erwarten hatten, weil sie die Amerikaner nicht ferngehalten hatten, wurden manche von ihnen sogar recht freundlich. Und die Amerikaner, die sich behauptet hatten, bestanden nicht darauf, tatsächlich sofort die Kontrolle über die Verwaltung zu übernehmen.

In Berlin herrschte Stille, Grabesstille. In den am meisten zerstörten Stadtteilen waren kilometerlange Straßenzüge auf beiden Seiten von Ruinen gesäumt. Die Straßen waren mit Bomben- und Granattrichtern übersät, von denen viele halb vollgelaufen waren. Die meisten der zahlreichen Berliner Kanalbrücken waren durch Bomben- oder Artillerietreffer eingestürzt oder von den Deutschen auf dem Rückzug gesprengt worden; das Wasser in den Kanälen war eine trübe, stinkende Brühe, eine Brutstätte für Milliarden von Fliegen und Mücken. Die unter den Brücken verlaufenden Abwasserkanäle waren aufgerissen und ergossen ihren Inhalt in die Kanäle. Berlin war buchstäblich ein einziger riesiger Friedhof. Überall in Parkanlagen, auf Plätzen und an Straßenrändern waren mit rohen Holzkreuzen ohne Namen gekennzeichnete Gräber ausgehoben worden; weitere Tausende von Toten lagen unbestattet unter dem Trümmerschutt. Ganze 37 Busse, 100 U-Bahnwagen und einige von Feldbahnloks gezogene Straßenbahnwagen waren die einzigen übriggebliebenen Verkehrsmittel. Die Berliner bekamen lediglich 64 Prozent ihrer auf 1240 Kalorien festgesetzten Tagesrationen.

Die lebhafteste Geschäftigkeit herrschte auf den Schwarzmärkten, die im Juli bereits feste Einrichtungen im Tiergarten und auf dem Alexanderplatz geworden waren. Viele Deutsche hatten in den Kriegsjahren, in denen es nichts zu kaufen gegeben hatte, hohe Beträge gespart, die sie jetzt bereitwillig für nützliche oder eßbare Waren ausgaben. Aber für die Deutschen verlor Geld immer mehr seinen Wert als Tauschmittel, so daß reiner Tauschhandel vorherrschte. Nach dem Eintreffen der Amerikaner begann fast augenblicklich eine ganz neue Phase des Berliner Schwarzhandels: der Handel mit Zigaretten, Kaffee, Schokolade, anderen kleinen Luxusartikeln, die die Amerikaner überreichlich und die Russen gar nicht hatten, und Armbanduhren – vor allem Armbanduhren.

Die Westalliierten hatten den Russen mit großem Widerstreben Duplikate der Druckplatten für den Druck der Alliierten Militärmark, des offiziellen Besatzungsgeldes, übergeben. Die Scheine für Amerikaner, Engländer und Franzosen wurden alle in Washington gedruckt und kontrolliert ausgegeben. Die Russen druckten so viele, wie sie für richtig hielten, und bezahlten damit ihre Soldaten, die zum Teil Anspruch auf mehrjährige Soldnachzahlungen hatten. Auf sowjetischer Seite war die Militärmark nicht in Rubel konvertierbar, so daß die Soldaten ihr Geld nur ausgeben oder verlieren konnten. Deshalb kosteten vor allem Armbanduhren – für Rotarmisten der Inbegriff höchster Eleganz – bis zu 1000 Dollar in Militärmark. Für amerikanische Soldaten war das Besatzungsgeld konvertibel, was bedeutete, daß für die

1000 Dollar letzten Endes der amerikanische Steuerzahler aufkommen mußte.

Die Verwaltungsbezirke im amerikanischen Sektor waren charakteristisch für ganz Berlin. Der Beschädigungsgrad reichte von 70 Prozent in den Vororten bis zu über 90 Prozent in der Innenstadt. In den Fabriken waren 95 Prozent der Maschinen durch Luftangriffe zerstört oder von den Russen demontiert und in die Sowjetunion abtransportiert worden. Die Offiziere der amerikanischen Militärregierung hatten den Verdacht, daß die Russen die Sektoren ihrer Verbündeten auch deshalb nur widerstrebend geräumt hatten, weil sie Zeit gewinnen wollten, um auch noch die restlichen fünf Prozent demontieren zu können.

Immerhin konnte man ihnen nicht vorwerfen, sie bevorzugten irgendeinen Teil der Stadt: Sie demontierten im Ostsektor ebenso eifrig, wie sie in den Westsektoren demontiert hatten. Trotzdem hatten sie einen beachtlichen Anlauf genommen, um die riesenhafte Aufräumarbeit, die in Berlin zu leisten war, in Gang zu bringen. Ihre Methode war recht einfach. Arbeitskommandos von Deutschen, hauptsächlich „Trümmerfrauen“, beseitigten die Trümmerberge, indem sie mit einem Teil des Materials Bomben- und Granattrichter auffüllten und den Rest zumindest von den Straßen wegräumten. Den Amerikanern fiel auf, daß die Russen sich nicht um Arbeitsleistung oder Geschicklichkeit kümmerten; sie gaben einfach Befehle und ließen die Deutschen arbeiten, bis der Auftrag ausgeführt war. Für sie war Qualität unwichtig, und bei der Demontage von Fabriken, wo das gleiche System angewendet wurde, waren viele wertvolle Maschinen auf diese Weise ruiniert worden, bevor sie die Betriebe verließen.

Die Deutschen waren erleichtert, als die Amerikaner kamen. Obwohl das sowjetische Oberkommando kein Fraternisierungsverbot erlassen hatte, wie es die Amerikaner und Engländer noch immer durchzuhalten versuchten, hatten die willkürlichen Entscheidungen russischer Stellen und die Unberechenbarkeit einzelner Russen Unsicherheit und Angst erzeugt, die anhielten, obwohl russische Besatzer oft auch großzügig und freundlich waren. Plündereien und Raubüberfälle kamen nur mehr vereinzelt vor und wurden hauptsächlich von betrunkenen Soldaten verübt. Auch die Zahl der Vergewaltigungen war drastisch zurückgegangen, denn in der zerstörten, vor dem Verhungern stehenden Stadt gab es Hunderte von Frauen, Profis und Halbprofis, die ein Herz für zahlungskräftige Besatzer hatten.

Berlin schwebte in der großen Gefahr, seine Einwohnerschaft, die den Krieg überstanden hatte, nun durch Hunger oder Seuchen zu verlieren. Aus allen Himmelsrichtungen strömten Flüchtlinge und Evakuierte in die Stadt – viele kamen sogar aus der Tschechoslowakei –, deren Einwohnerzahl dadurch jeden Tag um Tausende von Menschen wuchs. Alle Heimatvertriebenen kamen zu Fuß und brachten nur das mit, was sich auf einem Leiterwagen, einem Kinderwagen oder einem Fahrrad transportieren ließ. Sie suchten in hastig errichteten Lagern oder bei Verwandten Zuflucht und schleppten Ungeziefer und Krankheiten, vor allem Geschlechtskrankheiten, ein.

Eine von den Deutschen als „Hungertyphus" bezeichnete schwere Darmerkrankung trat in mehreren Wellen in ganz Berlin auf – vermutlich weil geborstene Abwasserkanäle die Trinkwasserbrunnen verseuchten. Für Erwachsene und ältere Kinder war diese Krankheit im allgemeinen nicht tödlich, aber 65 Prozent der Neugeborenen starben an ihr.

Während die Offiziere der amerikanischen Militärregierung die technischen Aspekte der sowjetischen Verwaltung geradezu bewunderten, staunten sie über die Methoden, mit denen die Russen den aus damaliger amerikanischer Sicht wichtigsten Zweck der Besetzung zu verwirklichen versuchten: die Umerziehung der Deutschen und „die Umgestaltung des deutschen politischen Lebens auf demokratischer Grundlage". Zu den stolzesten Errungenschaften der amerikanischen Militärregierung gehörten Gerichte, vor denen die Deutschen – manchmal allerdings unnötig umständlich – rechtliches Gehör fanden.

Nach sowjetischem System war das Wort des Stadtteilkommandanten Gesetz, und er entschied in letzter Instanz, selbst wenn es um Todesurteile ging. Am meisten überraschte die Amerikaner jedoch die russische Überwachungsmethode. Bei den Nazis hatte es Blockwarte gegeben. Die Russen hatten dieses System verfeinert, indem sie in jedem Haus einen Hauswart ernannten, der für das politische, gesellschaftliche und wirtschaftliche Wohlverhalten aller Hausbewohner verantwortlich war. Der Hauswart gab die Lebensmittelkarten aus und verteilte die anfallende Arbeit, wobei es zahlreiche Möglichkeiten für Erpressung, Bestechung und Unterdrückung gab.

Am 6. Juli trafen die Generale Clay und Weeks im

sowjetischen Hauptquartier in Berlin-Pankow mit Schukow zusammen, um die Modalitäten für die Viermächteverwaltung von Berlin zu besprechen. Die Stimmung war vor allem bei den Russen von Anfang an kühl und wurde im Laufe der Besprechung geradezu frostig. Schukow und seine sowjetischen Generale hatten offenbar wenig Lust, ihre bisherige Alleinherrschaft in Berlin mit den Verbündeten zu teilen, und verhandelten deutlich erkennbar mit dem Auftrag, keine Verpflichtungen einzugehen, die die russische Herrschaft im Ostsektor hätten schwächen können.

Clay schlug vor, Berlin als Ganzes einer Zentralverwaltung zu unterstellen. Schukow war mit einer Zentralstelle, die Richtlinien erlassen würde, einverstanden, aber er bestand darauf, daß jeder Staat die volle und alleinige Kontrolle über seinen Sektor behalten solle. Zu Clays und Weeks' Überraschung und Bestürzung teilte er ihnen auch mit, da die Engländer und Amerikaner jetzt ihre Sektoren übernähmen, müßten sie auch die Versorgung der deutschen Bevölkerung mit Lebensmitteln und Kohle sicherstellen.

Das landwirtschaftliche Verteilersystem in Brandenburg und Mecklenburg, den traditionellen Lieferanten Berlins, sei völlig zusammengebrochen, erklärte Schukow seinen Verhandlungspartnern nüchtern, und Oberschlesien, das Berlin früher einen Großteil der benötigten Kohle geliefert habe, stehe jetzt unter polnischer Verwaltung. Die Russen waren lediglich bereit, um des besseren Eindrucks willen ein gemeinsames Rationierungs- und Verteilungssystem für ganz Berlin zu unterhalten – falls die Amerikaner und Engländer ihren Beitrag zur Versorgung der Stadt leisteten. Clay und Weeks, die mit der Hoffnung gekommen waren, einen Präzedenzfall für die Behandlung Deutschlands als wirtschaftliche, wenn auch nicht politische Einheit schaffen zu können, fuhren mit der Verpflichtung zurück, fast eineinhalb Millionen Deutsche mehr als bisher aus den bereits geringen Reserven der Westzonen ernähren zu müssen.

Die *Kommandantura* aus den Generalen Gorbatow, Lyne und Parks, ihren Stellvertretern und Brigadegeneral Joeffrey de Beauchesne als Vertreter Frankreichs – das noch immer keinen Sektor zugewiesen bekommen hatte – trat am 11. Juli zu ihrer ersten Sitzung zusammen. Lebensmittel und Kohle waren die wichtigsten Tagesordnungspunkte, die auch in Zukunft noch viele Sitzungen beherrschen sollten. Die Russen wollten die Westsektoren nur noch wenige Tage lang mitversorgen – und auch dann nur, wenn ihnen die spätere Bezahlung garantiert wurde. Sie bestanden jetzt auch darauf, daß die *Kommandantura* die von ihnen während ihrer Alleinherrschaft festgelegten Bestimmungen und Verfahren unverändert übernehmen müsse.

Die Amerikaner und Engländer gingen darauf ein, weil sie später Änderungen vorschlagen wollten, sobald sie die Verhältnisse in ihren Sektoren besser kannten. Das sollte sich jedoch als äußerst schwierig erweisen, weil die Entscheidungen der *Kommandantura* einstimmig getroffen werden mußten, so daß die Russen die Möglichkeit hatten, alle zukünftigen Änderungen durch ihr Veto zu unterbinden.

Am 12. Juli 1945 um neun Uhr räumten die sowjetischen Truppen die Berliner Westsektoren. Die *Kommandantura* nahm die Arbeit auf, und die westlichen Alliierten hatten endlich gleichberechtigten Anteil an der Besetzung der ehemaligen Reichshauptstadt. Damit hatten die Russen sich lediglich an die vor fast einem Jahr unterzeichneten Abmachungen über die Besetzung Berlins gehalten – und dabei blieb es auch.

Der Alliierte Kontrollrat trat im August 1945 in Berlin zu seiner ersten Sitzung zusammen, aber er konnte den Status eines zentralen Verwaltungsorgans für das besetzte Deutschland nicht einmal andeutungsweise für sich in Anspruch nehmen. In den ersten Jahren der Besatzungszeit sahen manche in der Berliner *Kommandantura* zumindest ein Symbol für eine fortgesetzte Zusammenarbeit der Alliierten, aber sie war trügerisches Symbol.

Berlin war von Anfang an geteilt, wie Deutschland geteilt war. Man hätte glauben können, die Großoffensiven, die im Juni 1944 in den Sümpfen Weißrußlands und an den Stränden der Normandie begonnen hatten, hätten sich in einer Sackgasse festgelaufen, ohne wirklich beendet zu sein. Die Stadt, die im Zweiten Weltkrieg ein Konfliktsymbol gewesen war, würde diese Rolle noch eine Generation oder länger weiterspielen.

Ortsregister

Namenregister

Sachregister